# BUBLINY A ŠKOSY: NEJLEPŠÍ KUCHAŘKA PROSECCO

Zvyšte svůj kulinářský zážitek se 100 lahůdkami s obsahem Prosecca

Iveta Beranová

autorská práva Materiál ©2024

Všechno Práva Rezervováno

Ne část z tento rezervovat Smět být použitý nebo přenášeno v žádný formulář nebo podle žádný prostředek bez a správné psaný souhlas z a vydavatel a autorská práva majitel až na pro stručný citace použitý v A Posouzení. Tento rezervovat by měl ne být považováno A nahradit pro lék, legálně, nebo jiný profesionální Rada.

# OBSAH

OBSAH.................................................................................3
ÚVOD..................................................................................7
SNÍDANĚ A BRUNCH.......................................................8
1. Palačinky Prosecco........................................................9
2. Ovocný salát Prosecco................................................11
3. Francouzský toast prosecco.......................................13
4. Jogurtový parfait Prosecco........................................15
5. Prosecco Berry Crepes................................................17
6. Snídaně Prosecco Quinoa..........................................20
7. Vafle Prosecco.............................................................22
8. Mini zásobníky na palačinky Prosecco....................24
9. Pečené koblihy Prosecco............................................27
10. Chléb Prosecco..........................................................30
11. Francouzský toast prosecco.....................................33
12. Prosecco Overnight Oats.........................................35
13. Kelímky na vajíčka Prosecco...................................37
14. Prosecco koláčky.......................................................39
15. Prosecco Snídaňový Quiche....................................42
SVAČINKY......................................................................44
16. Bruschetta s redukcí Prosecco................................45
17. Marinované olivy Prosecco.....................................47
18. Špízy na krevety Prosecco.......................................49
19. Houby plněné kozím sýrem....................................51
20. Prosecco Ceviche......................................................53
21. Prosecco pošírované hrušky...................................55
22. Ovocné špízy Prosecco............................................57
23. Prosecco Popcorn.....................................................59
24. Prosecco Guacamole................................................61
25. Prosecco Bruschetta.................................................63
26. Prosecco plněné jahody...........................................65

27. Okurkové kousnutí Prosecco..................................67
28. Prosecco Trail Mix...................................................69
29. Prosecco Energy Bites............................................71
HLAVNÍ CHOD.................................................................73
30. Prosecco rizoto s krevetami..................................74
31. Prosecco kuřecí Piccata.........................................76
32. Losos s opečenými semínky a prosecco.............79
33. Boloňské prosecco těstoviny.................................82
34. Houbové rizoto prosecco.......................................85
35. Kuře s omáčkou Pomodoro a Prosecco..............87
36. Prosecco dušená hovězí krátká žebra.................90
37. Prosecco marinované grilované kuře..................93
DEZERT.............................................................................95
38. Prosecco dort...........................................................96
39. Sýrové fondue Prosecco........................................99
40. Prosecco Granita..................................................101
41. Broskev a prosecco Pavlova...............................103
42. Šampaňské panna cotta s ovocem.....................105
43. Jahodový šampaňský sorbet...............................108
44. Paštika s jahodami a prosecco...........................110
45. Hrozny Prosecco Vodka......................................113
46. Med s infuzí prosecco..........................................115
47. Růžové prosecco gumoví medvídci...................117
48. Ovocný salát z mimózy.......................................119
49. Macarons Prosecco..............................................121
50. Zmrzlina Prosecco................................................124
51. Ovocný salát Prosecco........................................127
52. Brusinkový -Prosecco snídaňový dort..............129
53. Klasický dort Prosecco........................................132
54. Košíčky Prosecco..................................................136
55. Krvavý pomerančový dort Prosecco.................139
56. Prosecco Mousse..................................................142
57. Cheesecake tyčinky Prosecco.............................144
58. Role na dort Prosecco..........................................147
59. Nanuky Prosecco..................................................150

60. Prosecco Granita ............................................................. 152
61. Broskve a bobule v Prosecco ........................................ 155
62. Prosecco pošírované hrušky ........................................ 157
63. Prosecco Berry Parfait ................................................. 159
64. Prosecco a malinové želé ............................................ 161
65. Prosecco a Lemon Posset ............................................ 163
66. Prosecco Tiramisu ....................................................... 165
KOMĚNÍ ............................................................................. 167
67. Prosecco a broskvová salsa ........................................ 168
68. Prosecco želé .............................................................. 170
69. Hořčice Prosecco ......................................................... 172
70. Máslo Prosecco ........................................................... 174
71. Prosecco Lemon Curd ................................................. 176
72. Prosecco Aioli ............................................................. 178
73. Prosecco Medová hořčice ........................................... 180
74. Prosecco bylinkové máslo .......................................... 182
75. Prosecco Salsa Verde .................................................. 184
KOKTEJLY ......................................................................... 186
76. Aperol Spritz .............................................................. 187
77. Prosecco a mimózy z pomerančového džusu ............. 189
78. Hibiscus Spritz ............................................................ 191
79. Šampaňské mezci ........................................................ 193
80. Hugo ............................................................................ 195
81. Prosecco Mojito .......................................................... 197
82. Sgroppino .................................................................... 199
83. Prosecco Bellini .......................................................... 201
84. Prosecco Margarita ..................................................... 203
85. Prosecco Ginger Fizz .................................................. 205
86. Francouzské Prosecco 75 ............................................ 207
87. Punč z granátového jablka Prosecco .......................... 209
88. Rubínový a rozmarýnový prosecco koktejl ............... 211
89. Koktejl z bezového květu Prosecco ............................ 214
90. Koktejl z růžového grapefruitu ................................... 216
91. Plovák na ananasový sorbet Prosecco ........................ 218
92. Malinová limonáda Koktejl ........................................ 220

93. Oranžový sorbet Koktejl ..................................................222
94. Bezový květ krvavý pomeranč Koktejl ......................224
95. Prosecco a pomerančový džus Koktejl ......................226
96. Mučenka Koktejl ..................................................228
97. Broskev Koktejl Prosecco ......................................230
98. Ananas Koktejl Prosecco ......................................232
99. Prosecco Sangria ..................................................234
100. Jahoda Koktejl Prosecco ....................................236
ZÁVĚR ......................................................................238

# ÚVOD

Vítejte v "BUBLINY A ŠKOSY: NEJLEPŠÍ KUCHAŘKA PROSECCO"! Na této kulinářské cestě prozkoumáme nádherný svět Prosecca a jeho neuvěřitelnou všestrannost v kuchyni. Prosecco se svými šumivými bublinkami a živými chutěmi přináší dotek elegance a sofistikovanosti do každého pokrmu, který zdobí. Od snídaní po svačiny, hlavní chody a dokonce i koření, odhalíme tajemství začlenění Prosecca do vašich oblíbených receptů a posuneme vaše kulinářské výtvory do nových výšin.

V této kuchařce najdete sbírku pečlivě vybraných receptů, které předvádějí jedinečné vlastnosti Prosecca a zdůrazňují jeho schopnost vylepšit širokou škálu chutí. Každý recept je precizně vytvořen, poskytuje podrobné měření ingrediencí a pokyny krok za krokem, které zajistí váš úspěch v kuchyni. Ať už pořádáte speciální příležitost, nebo jen chcete dodat šmrnc svým každodenním jídlům, tato kuchařka vás inspiruje k prozkoumání nádherného světa jídel s proseccem.

Vezměte si tedy láhev svého oblíbeného Prosecca, oblečte si zástěru a připravte se vyrazit na kulinářské dobrodružství, které potěší vaše chuťové pohárky a zapůsobí na vaše hosty. Od brunch koktejlů až po gurmánské večeře, pokud jde o kreace naplněné Proseccem, možnosti jsou nekonečné. Pusťme korek a ponořme se do světa „BUBLINY A ŠKOSY: NEJLEPŠÍ KUCHAŘKA PROSECCO"!

# SNÍDANĚ A BRUNCH

## 1. Palačinky Prosecco

## SLOŽENÍ:
- 1 hrnek univerzální mouky
- 1 lžíce cukru
- 1 lžička prášku do pečiva
- ¼ lžičky soli
- 1 šálek Prosecca
- ¼ šálku mléka
- 1 vejce
- 2 lžíce rozpuštěného másla

## INSTRUKCE:
a) Ve velké míse prošlehejte mouku, cukr, prášek do pečiva a sůl.
b) V samostatné misce smíchejte prosecco, mléko, vejce a rozpuštěné máslo. Dobře promíchejte.
c) Nalijte mokré ingredience do suchých a míchejte, dokud se nespojí. Nepřemíchávejte; pár hrudek je v pořádku.
d) Rozehřejte nepřilnavou pánev nebo gril na střední teplotu a lehce namažte máslem nebo sprejem na vaření.
e) Nalijte ¼ šálku těsta na pánev na každou palačinku.
f) Vařte, dokud se na povrchu nevytvoří bublinky, poté otočte a opékejte druhou stranu do zlatova.
g) Podávejte palačinky Prosecco s oblíbenými polevami, jako jsou čerstvé jahody, šlehačka nebo javorový sirup.

## 2. Ovocný salát Prosecco

## SLOŽENÍ:

- 2 šálky rozmixovaného čerstvého ovoce (jako jsou jahody, borůvky, maliny a nakrájené broskve)
- ½ šálku Prosecca
- 1 lžíce medu
- Čerstvé lístky máty na ozdobu

## INSTRUKCE:

a) Ve velké míse smíchejte rozmixované čerstvé ovoce.
b) V samostatné misce smíchejte Prosecco a med, dokud se dobře nespojí.
c) Nalijte směs Prosecco na ovoce a jemně promíchejte, aby se obalila.
d) Ovocný salát necháme asi 10 minut odležet, aby se chutě propojily.
e) Ozdobte lístky čerstvé máty a podávejte vychlazené.

## 3. Francouzský toast prosecco

## SLOŽENÍ:
- 4 plátky chleba (například brioška nebo francouzský chléb)
- ¾ šálku Prosecca
- ¼ šálku mléka
- 2 vejce
- 1 lžíce cukru
- ½ lžičky vanilkového extraktu
- Máslo na vaření
- Moučkový cukr na posypání (volitelně)
- Čerstvé jahody k podávání (volitelné)

## INSTRUKCE:
a) V mělké misce prošlehejte prosecco, mléko, vejce, cukr a vanilkový extrakt.
b) Rozehřejte nepřilnavou pánev nebo gril na střední teplotu a rozpusťte kousek másla.
c) Každý krajíc chleba ponořte do směsi Prosecco a nechte jej několik sekund nasáknout z každé strany.
d) Umístěte namočený chléb na pánev a opékejte dozlatova z každé strany, asi 2-3 minuty z každé strany.
e) Opakujte se zbývajícími plátky chleba a podle potřeby přidejte další máslo.
f) Francouzský toast Prosecco podle potřeby poprašte moučkovým cukrem a podávejte s čerstvým ovocem.

## 4. Jogurtový parfait Prosecco

## SLOŽENÍ:
- 1 hrnek řeckého jogurtu
- 2 lžíce medu
- ½ lžičky vanilkového extraktu
- 1 šálek granoly
- 1 šálek smíchaných čerstvých jahod
- ¼ šálku Prosecca

## INSTRUKCE:
a) V malé misce prošlehejte řecký jogurt, med a vanilkový extrakt do hladka.

b) Do servírovacích sklenic nebo misek navrstvěte směs řeckého jogurtu, granolu, čerstvé jahody a kapku prosecca.

c) Vrstvy opakujte, dokud se ingredience nepoužijí, na závěr přidejte kopeček řeckého jogurtu a navrch posypte granolou.

d) Okamžitě podávejte jako lahodný jogurtový parfait s proseccem.

## 5. Prosecco Berry Crepes

## SLOŽENÍ:

**NA KREPY:**
- 1 hrnek univerzální mouky
- 2 vejce
- ½ šálku mléka
- ½ šálku Prosecca
- 1 lžíce cukru
- ¼ lžičky soli
- Máslo na vaření

**K NÁPLNĚ:**
- 1 šálek smíchaných čerstvých jahod
- ¼ šálku Prosecca
- 2 lžíce moučkového cukru

## INSTRUKCE:

a) V mixéru smíchejte mouku, vejce, mléko, prosecco, cukr a sůl. Rozmixujte do hladka.

b) Rozehřejte nepřilnavou pánev nebo krepovou pánev na střední teplotu a lehce namažte máslem.

c) Nalijte ¼ šálku krepového těsta do pánve a krouživým pohybem jím vytvořte tenkou, rovnoměrnou vrstvu.

d) Palačinku vařte asi 2 minuty, dokud se okraje nezačnou zvedat a dno lehce zezlátne. Otočte a opékejte z druhé strany další minutu.

e) Opakujte se zbývajícím těstem, pánev podle potřeby vymažte máslem.

f) V malém hrnci zahřívejte na mírném ohni smíchané čerstvé jahody, prosecco a moučkový cukr, dokud bobule nepustí šťávu a směs mírně zhoustne.

g) Na každý krep naneste lžičkou bobulovou náplň a složte do trojúhelníku nebo srolujte.

h) Palačinky z bobulí Prosecco podávejte teplé s přídavkem moučkového cukru, pokud chcete.

## 6. Snídaně Prosecco Quinoa

## SLOŽENÍ:
- 1 šálek quinoa
- 2 šálky Prosecca
- 1 šálek mléka
- 2 lžíce medu
- $\frac{1}{2}$ lžičky vanilkového extraktu
- Čerstvé bobule a nasekané ořechy na polevu

## INSTRUKCE:
a) Quinou propláchneme pod studenou vodou, dokud voda nevyteče.
b) V hrnci přiveďte prosecco k varu. Přidejte propláchnutou quinou a snižte teplotu na minimum.
c) Hrnec přikryjeme a dusíme asi 15-20 minut, dokud quinoa nezměkne a prosecco se nevstřebá.
d) V samostatném hrnci zahřejte mléko, med a vanilkový extrakt, dokud se nezahřejí.
e) Jakmile je quinoa uvařená, zalijte ji mléčnou směsí a dobře promíchejte, aby se spojila.
f) Snídaňovou quinou Prosecco podávejte v miskách a posypte čerstvým ovocem a nasekanými ořechy.

# 7. Vafle Prosecco

## SLOŽENÍ:
- 2 hrnky univerzální mouky
- 2 lžíce krystalového cukru
- 1 lžička prášku do pečiva
- ½ lžičky soli
- 2 velká vejce
- 1¾ šálků pomerančové šťávy
- ¼ šálku nesoleného másla, rozpuštěného
- ¼ šálku Prosecca
- Kůra z 1 pomeranče

## INSTRUKCE:
a) V míse prošlehejte mouku, cukr, prášek do pečiva a sůl.
b) V samostatné misce rozšlehejte vejce. Přidejte pomerančovou šťávu, rozpuštěné máslo, prosecco a pomerančovou kůru. Šlehejte, dokud se dobře nespojí.
c) Nalijte mokré ingredience do suchých a míchejte, dokud se nespojí.
d) Předehřejte si vaflovač a lehce ho namažte.
e) Těsto nalijte na předehřátou vaflovač a vařte podle pokynů výrobce.
f) Vafle Prosecco podávejte posypané moučkovým cukrem a stranou s plátky čerstvého pomeranče.

## 8. Mini zásobníky na palačinky Prosecco

## SLOŽENÍ:
**PALAČINKY:**
- 2 šálky Bisquick Kompletní směs na palačinky a vafle
- ⅔ šálku čerstvé pomerančové šťávy
- ⅔ šálku vody

**KRÉM Prosecco:**
- ½ šálku sýra mascarpone
- Nastrouhaná kůra z 1 středního pomeranče
- 5 lžic moučkového cukru
- ½ šálku Prosecca
- ⅓ šálku smetany ke šlehání

**Polevy:**
- 4 až 6 lžic pomerančové marmelády
- Pomerančová kůra na ozdobu

## INSTRUKCE:
a) Zahřejte pánev nebo pánev na středně vysokou teplotu (375 °F) a potřete rostlinným olejem.

b) Ve středně velké míse metličkou prošlehejte ingredience na palačinky. Použijte polévkovou lžíci nebo malou naběračku na zmrzlinu, abyste nalili těsto na rozpálenou pánev a vytvořili mini palačinky. Vařte, dokud se na povrchu nerozbijí bublinky, poté otočte a vařte do zlatova. Palačinky přendejte na chladicí mřížku.

c) V malé misce vyšlehejte sýr mascarpone, pomerančovou kůru a moučkový cukr elektrickým šlehačem na střední rychlost, dokud nejsou dobře vyšlehané. Snižte rychlost na nízkou rychlost a jemně vmíchejte Prosecco, dokud nebude hladké. V jiné malé misce vyšlehejte smetanu ke šlehání na vysokou rychlost, dokud se nevytvoří tuhé špičky. Pomocí stěrky jemně vmícháme šlehačku do směsi mascarpone.

d) Chcete-li sestavit sadu palačinek, položte jednu mini palačinku na talíř nebo servírovací talíř. Palačinku potřete pomerančovou marmeládou. Opakujte s dalšími dvěma palačinkami a marmeládou. Nalijte Prosecco krém a ozdobte pomerančovou kůrou.

# 9. Pečené koblihy Prosecco

## SLOŽENÍ:
**DONUTS:**
- 3 hrnky mouky
- 2 lžičky prášku do pečiva
- ½ lžičky mořské soli
- 4 vejce
- ¾ šálku rozpuštěného másla
- 1 hrnek cukru
- ½ šálku Prosecca
- 1 lžička vanilkového extraktu
- Kůra a šťáva ze 2 velkých pupečních pomerančů

**GLAZURA:**
- 6 lžic Prosecca
- 2 hrnky prosátého moučkového cukru
- Kůra z 1 pomeranče

## INSTRUKCE:
a) Předehřejte troubu na 350 stupňů Fahrenheita (175 stupňů Celsia). Vymažte formu na koblihy.
b) Ve velké míse smíchejte mouku, prášek do pečiva, mořskou sůl a pomerančovou kůru.
c) V jiné míse prošlehejte cukr, vejce, prosecco, pomerančový džus, rozpuštěné máslo a vanilkový extrakt.
d) Mokré ingredience přidejte k suchým a míchejte, dokud těsto není hladké a nezůstanou na něm suché kapsy.
e) Těsto přendejte do cukrářského sáčku nebo sáčku na zip s odstřiženým rohem. Těsto nandejte do připravené formy na koblihy.
f) Donuty pečte asi 15 minut, nebo dokud nejsou vršky pevné na dotek. Vršky by neměly být hnědé. Můžete

zkontrolovat spodní část jedné koblihy, abyste zjistili, zda zhnědla.

g) Vyjměte koblihy z pánve a nechte je vychladnout na pokojovou teplotu.

h) Mezitím si připravte polevu smícháním prosecca, prosátého moučkového cukru a pomerančové kůry.

i) Jakmile koblihy vychladnou, namáčíme každý do polevy. Nechte polevu ztuhnout a pak koblihy znovu ponořte na dvojitou polevu.

j) Užijte si tyto nádherné pečené prosecco donuty, ochucené čerstvou pomerančovou šťávou, kůrou a bublinkovým proseccem! Jsou perfektním pochoutkou jako dezert nebo speciální pochoutka k snídani.

## 10. Chléb Prosecco

## SLOŽENÍ:
- 2 hrnky mouky
- 2 lžičky jedlé sody
- ½ lžičky soli
- 2 vejce
- ¼ šálku rozpuštěného másla
- 1 hrnek cukru
- ½ šálku Prosecca
- ⅓ šálku zakysané smetany
- ¼ šálku pomerančové šťávy
- 1 lžíce pomerančové kůry
- Poleva:
- ½ šálku moučkového cukru
- ½ - 1 lžíce Prosecca
- ½ lžičky pomerančové kůry

## INSTRUKCE:
a) Předehřejte troubu na 350 stupňů F (175 stupňů C) a vymažte formu na bochník chleba.
b) V malé misce smíchejte mouku, jedlou sodu a sůl. Dát stranou.
c) Ve velké míse prošlehejte vejce, rozpuštěné máslo a cukr. Přidejte Prosecco, zakysanou smetanu, pomerančový džus a pomerančovou kůru.
d) Pomalu přidávejte suché ingredience k mokrým a míchejte, dokud se nespojí.
e) Těsto přendejte do připravené ošatky a pečte 55-60 minut, nebo dokud nebude párátko zapíchnuté do středu čisté.
f) Před polevou nechte bochník úplně vychladnout.

g) V malé misce smíchejte všechny ingredience na polevu do hladka. Vychladlý bochník pokapeme polevou.

h) Vychutnejte si tento nádherný chléb Prosecco, naplněný chutí Prosecca a pomerančové kůry! Je to perfektní pochoutka na brunch, snídani nebo kdykoli, když zatoužíte po lahodně vlhkém a citrusovém chlebu.

## 11. Francouzský toast prosecco

## SLOŽENÍ:
- 6 plátků tlustého chleba (např. brioška nebo challah)
- 4 velká vejce
- ½ šálku pomerančové šťávy
- ¼ šálku Prosecca
- ¼ šálku mléka
- 1 lžíce pomerančové kůry
- ½ lžičky vanilkového extraktu
- Máslo na smažení
- Moučkový cukr na posypání
- Čerstvé jahody na polevu
- Javorový sirup k podávání

## INSTRUKCE:
a) V mělké misce rozšlehejte vejce, pomerančový džus, prosecco, mléko, pomerančovou kůru a vanilkový extrakt.
b) Každý krajíc chleba ponořte do směsi a nechte jej několik sekund nasáknout z každé strany.
c) Předehřejte velkou pánev na střední teplotu a přidejte trochu másla, aby se pánev potřela.
d) Namočené plátky chleba opečte dozlatova a z obou stran křupavé.
e) Francouzský toast přeneste na servírovací talíře, poprašte moučkovým cukrem a posypte čerstvým ovocem.
f) Podáváme s javorovým sirupem na boku.

## 12. Prosecco Overnight Oats

## SLOŽENÍ:
- 1 šálek ovesných vloček
- 1 šálek pomerančové šťávy
- ½ šálku řeckého jogurtu
- ¼ šálku Prosecca
- 1 lžíce medu
- 1 lžička pomerančové kůry
- Nakrájené čerstvé ovoce na polevu (např. pomeranče, bobule)
- Opékané mandle nebo vlašské ořechy ke křupání (volitelné)

## INSTRUKCE:
a) V misce smíchejte ovesné vločky, pomerančový džus, řecký jogurt, prosecco, med a pomerančovou kůru.
b) Pořádně promíchejte, aby se všechny ingredience plně spojily.
c) Mísu zakryjte plastovým obalem nebo víkem a dejte přes noc do lednice.
d) Ráno oves promíchejte a přidejte kapku pomerančového džusu nebo jogurtu, pokud je potřeba, abyste upravili konzistenci.
e) Navrch dejte nakrájené čerstvé ovoce a podle potřeby opražené ořechy.

## 13. Kelímky na vajíčka Prosecco

## SLOŽENÍ:
- 6 plátků vařené slaniny
- 6 velkých vajec
- ¼ šálku pomerančové šťávy
- ¼ šálku Prosecca
- Sůl a pepř na dochucení
- Čerstvá pažitka na ozdobu

## INSTRUKCE:
a) Předehřejte troubu na 375 °F (190 °C). Vymažte formu na muffiny nebo použijte silikonové košíčky na muffiny.

b) Každý šálek vyložte plátkem vařené slaniny a vytvořte kruh.

c) V malé misce rozšlehejte vejce, pomerančový džus, prosecco, sůl a pepř.

d) Nalijte vaječnou směs do každého šálku vyloženého slaninou a naplňte jej asi do ⅔.

e) Pečte v předehřáté troubě 15-18 minut nebo dokud vejce neztuhnou.

f) Kalíšky vyjměte z trouby, nechte je mírně vychladnout a ozdobte čerstvou pažitkou.

## 14. Prosecco koláčky

## SLOŽENÍ:

- 2 hrnky univerzální mouky
- $\frac{1}{4}$ šálku krystalového cukru
- 1 lžička prášku do pečiva
- $\frac{1}{2}$ lžičky soli
- $\frac{1}{2}$ šálku studeného nesoleného másla, nakrájeného na malé kostičky
- $\frac{1}{4}$ šálku husté smetany
- $\frac{1}{4}$ šálku pomerančové šťávy
- $\frac{1}{4}$ šálku Prosecca
- 1 lžička pomerančové kůry
- $\frac{1}{2}$ šálku sušených brusinek nebo zlatých rozinek (volitelné)
- 1 velké vejce, rozšlehané (na mytí vajec)
- Hrubý cukr na posypání

## INSTRUKCE:

a) Předehřejte troubu na 400 °F (200 °C). Plech vyložte pečícím papírem.

b) Ve velké míse smíchejte mouku, cukr, prášek do pečiva a sůl.

c) K suchým ingrediencím přidejte kostky studeného másla a nakrájejte je pomocí vykrajovátka nebo dvou nožů, dokud směs nebude připomínat hrubou strouhanku.

d) V samostatné misce smíchejte smetanu, pomerančový džus, prosecco a pomerančovou kůru.

e) Nalijte mokré ingredience do suché směsi a míchejte, dokud se nespojí. Pokud používáte, přidejte sušené brusinky nebo zlaté rozinky.

f) Těsto přeneste na pomoučený povrch a vytvarujte z něj kruh o tloušťce asi 1 palec. Kruh nakrájejte na 8 klínků.

g) Koláčky položíme na připravený plech, potřeme vršky rozšlehaným vejcem a posypeme hrubým cukrem.

h) Pečte v předehřáté troubě 15–18 minut, nebo dokud koláčky nebudou zlatavě hnědé.

i) Před podáváním nechte koláčky mírně vychladnout.

## 15. Prosecco Snídaňový Quiche

## SLOŽENÍ:
- 1 koláčová kůra připravená k použití
- 4 velká vejce
- ½ šálku pomerančové šťávy
- ½ šálku Prosecca
- ½ šálku husté smetany
- ½ šálku strouhaného sýra čedar
- ¼ šálku vařené a rozdrobené slaniny
- ¼ šálku nakrájené zelené cibule
- Sůl a pepř na dochucení
- Čerstvá petrželka na ozdobu

## INSTRUKCE:
a) Předehřejte troubu na 375 °F (190 °C).
b) Vyválejte koláčovou kůru a vložte ji do 9palcové koláčové misky. Okraje zamačkejte podle potřeby.
c) V misce prošlehejte vejce, pomerančový džus a prosecco, dokud se dobře nespojí.
d) Přidejte hustou smetanu, rozdrobený sýr čedar, rozdrobenou slaninu, nakrájenou zelenou cibulku, sůl a pepř. Míchejte, aby se spojily.
e) Nalijte vaječnou směs do připravené koláčové kůry.
f) Quiche pečte v předehřáté troubě 30-35 minut, nebo dokud střed neztuhne a vrch nezezlátne.
g) Quiche vyjměte z trouby a před krájením nechte několik minut vychladnout.
h) Ozdobte čerstvou petrželkou a podávejte teplé.

# SVAČINKY

## 16. Bruschetta s redukcí Prosecco

## SLOŽENÍ:

- Bageta, nakrájená na kolečka
- 1 lžíce olivového oleje
- 1 šálek sýra ricotta
- Kůra z 1 citronu
- 1 lžíce medu
- 1 šálek smíchaných čerstvých jahod
- Čerstvé lístky máty na ozdobu
- Redukce prosecca (vyrobená dusením prosecca, dokud nezhoustne)

## INSTRUKCE:

a) Předehřejte troubu na 350 °F (175 °C).
b) Plátky bagety potřeme olivovým olejem a položíme na plech.
c) Kolečka bagety opékejte v troubě asi 8-10 minut nebo do světle zlatavé barvy.
d) V malé misce smíchejte sýr ricotta, citronovou kůru a med, dokud se dobře nespojí.
e) Na každé opečené kolečko bagety rozetřeme kopeček ricottové směsi.
f) Navrch ricottu dejte rozmixované čerstvé ovoce.
g) Bruschettu pokapeme redukcí Prosecco.
h) Ozdobte lístky čerstvé máty.

## 17. Marinované olivy Prosecco

## SLOŽENÍ:
- 1 šálek smíšených oliv (jako je Kalamata, zelená nebo černá)
- ¼ šálku Prosecca
- 2 lžíce olivového oleje
- 2 stroužky česneku, mleté
- 1 lžička sušených italských bylinek (jako je oregano nebo tymián)
- Vločky červené papriky (volitelné)

## INSTRUKCE:
a) V misce smíchejte olivy, prosecco, olivový olej, mletý česnek, sušené italské bylinky a případně vločky červené papriky.
b) Olivy vmíchejte do marinády, dokud nebudou dobře obalené.
c) Mísu zakryjte a dejte do lednice alespoň na 1 hodinu nebo přes noc, aby se chutě rozvinuly.
d) Marinované olivy Prosecco podávejte jako chutnou a slanou svačinu.

## 18. Špízy na krevety Prosecco

## SLOŽENÍ:
- 1 libra velkých krevet, oloupaných a zbavených žilek
- ¼ šálku Prosecca
- 2 lžíce olivového oleje
- 2 stroužky česneku, mleté
- 1 lžíce čerstvé petrželky, nasekané
- Sůl a pepř na dochucení
- Klínky citronu k podávání

## INSTRUKCE:
a) V misce smíchejte prosecco, olivový olej, mletý česnek, čerstvou petrželku, sůl a pepř.
b) Přidejte oloupané a zbavené krevety do marinády a promíchejte, aby se obalily.
c) Mísu zakryjte a dejte do lednice alespoň na 30 minut, aby se chutě rozvinuly.
d) Předehřejte gril nebo grilovací pánev na středně vysokou teplotu.
e) Marinované krevety napíchněte na špejle.
f) Špízy z krevet grilujte 2-3 minuty z každé strany, nebo dokud nejsou krevety růžové a neprůhledné.
g) Krevetové špízy Prosecco podávejte s měsíčky citronu jako lahodnou a bílkovinnou svačinku.

## 19. Houby plněné kozím sýrem

## SLOŽENÍ:
- 12 velkých knoflíkových nebo krémových hub
- ¼ šálku Prosecca
- 4 unce kozího sýra
- 2 lžíce čerstvé pažitky, nasekané
- Sůl a pepř na dochucení

## INSTRUKCE:
a) Předehřejte troubu na 375 °F (190 °C).
b) Houby zbavíme stopek a dáme stranou.
c) Do zapékací mísy nalijte prosecco a kloboučky hub vložte do mísy dnem vzhůru.
d) Kloboučky hub pečte asi 10 minut, aby změkly.
e) Mezitím nadrobno nakrájíme stonky hub.
f) V misce smícháme nakrájené stonky hub, kozí sýr, pažitku, sůl a pepř.
g) Vyjměte kloboučky hub z trouby a slijte přebytečné prosecco.
h) Naplňte každou houbovou čepici směsí kozího sýra.
i) Naplněné houby vraťte do trouby a pečte dalších 10–12 minut nebo dokud náplň nezezlátne a nezvoní.
j) Prosecco a žampiony plněné kozím sýrem podávejte jako pikantní a elegantní svačinu.

## 20. Prosecco Ceviche

## SLOŽENÍ:

- 1 libra filetů z bílé ryby (jako je snapper nebo tilapie), nakrájená na malé kostičky
- 1 šálek Prosecca
- ½ šálku limetkové šťávy
- ¼ šálku pomerančové šťávy
- ¼ šálku červené cibule, jemně nakrájené
- 1 jalapeno, se semínky a mleté
- ¼ šálku čerstvého koriandru, nasekaného
- Sůl a pepř na dochucení
- Tortilla chipsy nebo jitrocelové chipsy pro podávání

## INSTRUKCE:

a) Ve skleněné misce smíchejte rybí kostky, prosecco, limetkovou šťávu a pomerančovou šťávu.
b) Vmíchejte nakrájenou červenou cibuli, nasekané jalapeno a nasekaný koriandr.
c) Dochuťte solí a pepřem podle chuti.
d) Mísu zakryjte a za občasného míchání dejte do lednice na asi 2-3 hodiny, dokud ryba není neprůhledná a „uvařená" citrusovou šťávou.
e) Podávejte chlazené ceviche Prosecco s tortilla chipsy nebo jitrocelovými chipsy jako lehkou a pikantní svačinku.

## 21. Prosecco pošírované hrušky

## SLOŽENÍ:
- 4 zralé hrušky, oloupané a zbavené jádřinců
- 2 šálky Prosecca
- 1 šálek vody
- ½ šálku cukru
- 1 tyčinka skořice
- 4 celé hřebíčky
- Šlehačka nebo vanilková zmrzlina k podávání

## INSTRUKCE:
a) Ve velkém hrnci smíchejte prosecco, vodu, cukr, tyčinku skořice a celý hřebíček.
b) Směs zahříváme na středním plameni, dokud se cukr nerozpustí a tekutina se nerozvaří.
c) Přidejte oloupané hrušky a jádřince do pošírovací tekutiny.
d) Hrušky dusíme ve směsi Prosecco asi 20-30 minut nebo dokud hrušky po propíchání vidličkou nezměknou.
e) Hrnec sejmeme z plotny a necháme hrušky v tekutině vychladnout.
f) Po vychladnutí vyjměte hrušky z tekutiny a vložte je do servírovacích misek.
g) Pošírované hrušky Prosecco podávejte s kapkou pošírovací tekutiny a kopečkem šlehačky nebo kopečkem vanilkové zmrzliny.

## 22. Ovocné špízy Prosecco

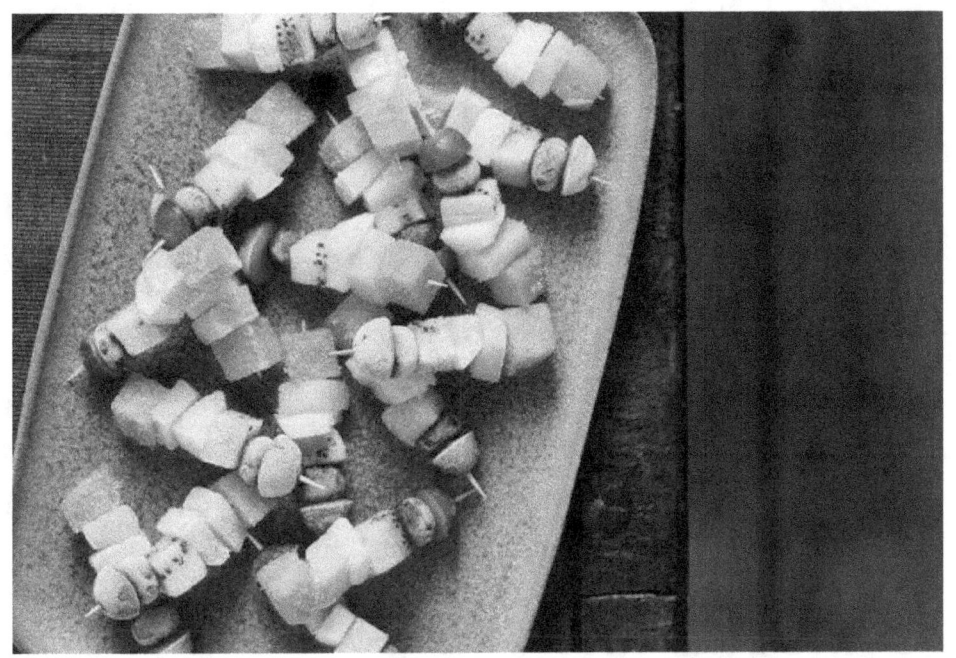

## SLOŽENÍ:

- Různé čerstvé ovoce (jako jsou jahody, hrozny, kousky ananasu a melounové kuličky)
- 1 šálek Prosecca
- Dřevěné špejle

## INSTRUKCE:

a) Čerstvé ovoce napíchněte na dřevěné špejle a plody střídejte, abyste získali barevnou prezentaci.
b) Ovocné špízy vložte do mělké misky nebo pekáče.
c) Nalijte Prosecco na ovocné špízy a ujistěte se, že jsou dobře potažené.
d) Mísu nebo pánev přikryjte a dejte do lednice alespoň na 1 hodinu, aby ovoce absorbovalo chuť Prosecca.
e) Vychlazené špízy z ovoce Prosecco podávejte jako osvěžující a šťavnatou svačinku.

## 23. Prosecco Popcorn

## SLOŽENÍ:

- 8 šálků popcornu
- ¼ šálku nesoleného másla, rozpuštěného
- 2 lžíce prosecca
- 1 lžička pomerančové kůry
- 1 lžíce moučkového cukru

## INSTRUKCE:

a) Ve velké míse smíchejte rozpuštěné máslo, prosecco a pomerančovou kůru.

b) Pokapejte popcorn a jemně promíchejte, aby se obalil rovnoměrně.

c) Popcorn posypte moučkovým cukrem a znovu promíchejte, aby se spojil.

d) Ihned podávejte nebo skladujte ve vzduchotěsné nádobě na později.

## 24. Prosecco Guacamole

## SLOŽENÍ:
- 2 zralá avokáda, rozmačkaná
- $\frac{1}{4}$ šálku nakrájené červené cibule
- $\frac{1}{4}$ šálku nakrájených rajčat
- $\frac{1}{4}$ šálku nasekaného koriandru
- 1 jalapeno, zbavené semínek a nakrájené nadrobno
- 2 lžíce čerstvé limetkové šťávy
- 2 lžíce prosecca
- Sůl a pepř na dochucení

## INSTRUKCE:
a) Ve střední misce smíchejte rozmačkané avokádo, červenou cibuli, rajčata, koriandr a jalapeno.
b) Vmíchejte čerstvou limetkovou šťávu a prosecco.
c) Dochuťte solí a pepřem podle chuti.
d) Podávejte s tortilla chipsy nebo zeleninovými tyčinkami na namáčení.

## 25. Prosecco Bruschetta

## SLOŽENÍ:
- Bageta, nakrájená
- 1 šálek cherry rajčat, napůl
- $\frac{1}{4}$ šálku nakrájené červené cibule
- 2 lžíce nasekané čerstvé bazalky
- 1 lžíce octa Prosecco
- 1 lžíce olivového oleje
- 1 lžička medu
- Sůl a pepř na dochucení

## INSTRUKCE:
a) Předehřejte troubu na 350 °F (175 °C).
b) Plátky bagety rozložte na plech a opečte je v troubě, dokud nebudou lehce křupavé.
c) V misce smíchejte cherry rajčata, červenou cibuli, bazalku, ocet Prosecco, olivový olej, med, sůl a pepř.
d) Na opečené plátky bagety nalijeme rajčatovou směs.
e) Ihned podávejte jako lahodnou a elegantní svačinku.

## 26. Prosecco plněné jahody

## SLOŽENÍ:
- 1 šálek čerstvých jahod
- 4 unce smetanového sýra, změkčeného
- 2 lžíce moučkového cukru
- 1 lžička pomerančové kůry
- 1 lžička Prosecco
- Čerstvé lístky máty na ozdobu

## INSTRUKCE:
a) Jahody omyjte a odřízněte vršky. Opatrně vydlabejte střed každé jahody pomocí malého nože nebo kuličky na meloun.

b) V míse smíchejte změklý smetanový sýr, moučkový cukr, pomerančovou kůru a prosecco.

c) Do vydlabaných jahod vmícháme po lžících tvarohovou směs.

d) Každou plněnou jahodu ozdobte lístkem čerstvé máty.

e) Nechte v chladu, dokud nebudete připraveni k podávání.

## 27. Okurkové kousnutí Prosecco

## SLOŽENÍ:
- 1 velká okurka, nakrájená na plátky
- 4 unce smetanového sýra, změkčeného
- 1 lžíce nasekaného čerstvého kopru
- 1 lžička Prosecco
- Uzený losos (volitelné)
- Citronová kůra na ozdobu

## INSTRUKCE:
a) V misce smíchejte změklý smetanový sýr, nasekaný kopr a prosecco, dokud se dobře nespojí.
b) Na každý plátek okurky naneste malé množství smetanové sýrové směsi.
c) Pokud chcete, přidejte kousek uzeného lososa.
d) Ozdobte citronovou kůrou.
e) Okurková sousta podávejte jako elegantní a osvěžující svačinu.

## 28. Prosecco Trail Mix

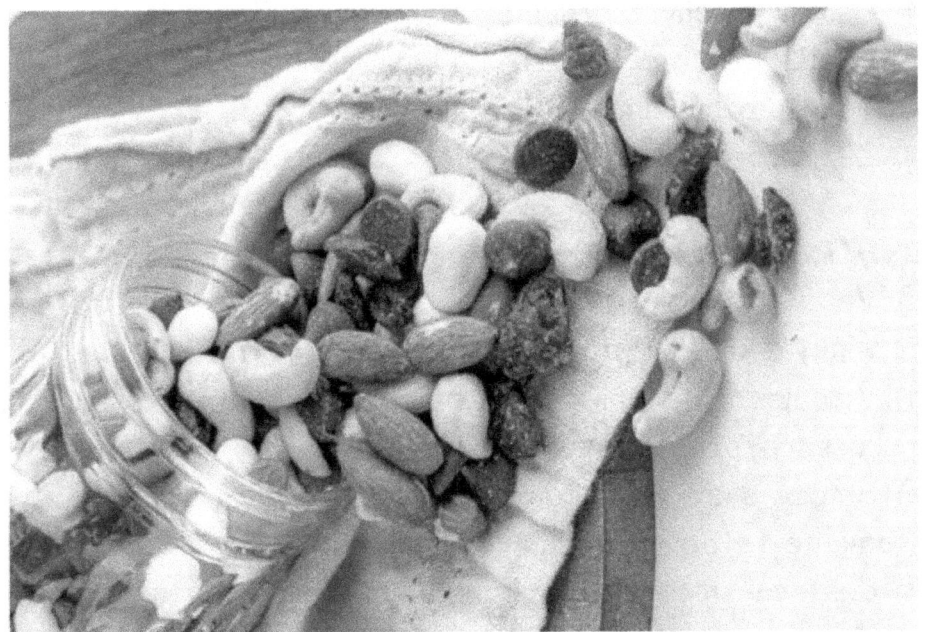

## SLOŽENÍ:
- 1 šálek pražených mandlí
- 1 šálek sušených brusinek
- 1 šálek bílých čokoládových lupínků
- ¼ šálku pomerančové kůry
- 2 lžíce prosecca

## INSTRUKCE:
a) Ve velké míse smíchejte pražené mandle, sušené brusinky a kousky bílé čokolády.
b) V samostatné malé misce smíchejte pomerančovou kůru a prosecco, abyste vytvořili polevu.
c) Směs stezky pokapejte pomerančovou polevou a promíchejte, aby se rovnoměrně obalila.
d) Cestovní směs rozetřete na plech a nechte ztuhnout.
e) Uchovávejte ve vzduchotěsné nádobě pro chutnou a poživatelnou svačinu.

## 29. Prosecco Energy Bites

## SLOŽENÍ:
- 1 šálek staromódního ovsa
- ½ šálku mandlového másla
- ⅓ šálku medu
- ¼ šálku mletého lněného semínka
- ¼ šálku nasekaných sušených meruněk
- ¼ šálku nasekaných sušených brusinek
- ¼ šálku strouhaného kokosu
- 1 lžíce pomerančové kůry
- 2 lžíce prosecca

## INSTRUKCE:
a) Ve velké míse smíchejte oves, mandlové máslo, med, mleté lněné semínko, sušené meruňky, sušené brusinky, strouhaný kokos a pomerančovou kůru.
b) Směs pokapejte Proseccem a míchejte, dokud se dobře nespojí.
c) Ze směsi udělejte malé kuličky a pokládejte je na plech vyložený pečicím papírem.
d) Energetické kousance dejte do lednice alespoň na 30 minut, aby ztuhly.
e) Energetická sousta uchovávejte v lednici pro rychlou a zdravou svačinu.

# HLAVNÍ CHOD

## 30. Prosecco rizoto s krevetami

## SLOŽENÍ:
- 1 libra krevet, oloupaných a zbavených
- 1 šálek rýže Arborio
- 3 hrnky zeleninového vývaru
- 1 šálek Prosecca
- ½ šálku strouhaného parmazánu
- 1 lžíce másla
- 1 šalotka, nakrájená nadrobno
- 2 stroužky česneku, mleté
- Sůl a pepř na dochucení
- Čerstvá petrželka na ozdobu

## INSTRUKCE:
a) Ve velké pánvi rozpusťte máslo na středním plameni.
b) Přidejte šalotku a česnek na pánev a vařte do změknutí.
c) Přidejte rýži Arborio na pánev a míchejte, aby se obalila máslem.
d) Vlijte prosecco a vařte, dokud se nevstřebá do rýže.
e) Postupně přidávejte zeleninový vývar, asi ½ šálku najednou, za stálého míchání, dokud se každý přídavek nevstřebá, než přidáte další.
f) Pokračujte v tomto procesu, dokud nebude rýže uvařená al dente a nebude mít krémovou konzistenci.
g) Vmícháme nastrouhaný parmazán a dochutíme solí a pepřem podle chuti.
h) V samostatné pánvi uvařte krevety dorůžova a provařené.
i) Rizoto Prosecco podávejte v miskách přelité uvařenými krevetami a ozdobené čerstvou petrželkou.

## 31. Prosecco kuřecí Piccata

## SLOŽENÍ:
- 4 kuřecí prsa bez kostí a kůže
- ½ šálku univerzální mouky
- Sůl a pepř na dochucení
- 2 lžíce olivového oleje
- 2 stroužky česneku, mleté
- ½ šálku Prosecca
- ½ šálku kuřecího vývaru
- 2 lžíce kapary
- Šťáva z 1 citronu
- 2 lžíce másla
- Čerstvá petrželka na ozdobu

## INSTRUKCE:
a) Kuřecí prsa osolíme a opepříme.
b) V mělké misce smíchejte mouku se solí a pepřem.
c) Kuřecí prsa vydlabejte v moučné směsi a setřeste přebytek.
d) Ve velké pánvi rozehřejte olivový olej na středním plameni.
e) Přidejte kuřecí prsa na pánev a opečte je z obou stran dozlatova a provařené.
f) Vyjměte kuře z pánve a dejte stranou.
g) Do stejné pánve přidejte nasekaný česnek a vařte asi 1 minutu.
h) Nalijte prosecco a kuřecí vývar a seškrábněte dno pánve, aby se uvolnily zhnědlé kousky.
i) Vmíchejte kapary a citronovou šťávu.
j) Omáčku přiveďte k varu a pár minut povařte, aby se zredukovala a mírně zhoustla.

k) Vmíchejte máslo, dokud se nerozpustí a nezapracuje do omáčky.
l) Kuřecí prsa vraťte na pánev a potřete je omáčkou.
m) Ozdobte čerstvou petrželkou a podávejte kuřecí piccatu Prosecco s přílohou dle vlastního výběru.

## 32. Losos s opečenými semínky a prosecco

## SLOŽENÍ:
- 4 filety z lososa
- Sůl a pepř na dochucení
- 2 lžíce olivového oleje
- 2 lžíce rozmixovaných semínek (například sezamových, dýňových nebo slunečnicových)
- 1 šálek Prosecca nebo jakéhokoli šumivého bílého vína
- 1 šálek husté smetany
- 2 lžíce čerstvého kopru, nasekaného
- 1 citron, nakrájený na plátky (na ozdobu)

## INSTRUKCE:

a) Filety lososa z obou stran osolíme a opepříme.

b) Ve velké pánvi na středním plameni rozehřejte olivový olej. Přidejte filety lososa kůží dolů a vařte asi 4–5 minut, dokud kůže není křupavá a zhnědne. Otočte filety a vařte další 3–4 minuty, nebo dokud není losos propečený na požadovanou úroveň propečenosti. Lososa vyjmeme z pánve a dáme stranou.

c) Do stejné pánve přidejte rozmixovaná semínka a opékejte je na středním plameni asi 2–3 minuty, dokud nebudou voňavá a lehce zlatavá. Vyjměte semínka z pánve a dejte stranou.

d) Pánev odglazujte přidáním prosecca, oškrábejte dno pánve, aby se uvolnily zhnědlé kousky. Nechte Prosecco pár minut vařit, dokud se mírně nezredukuje.

e) Vmícháme hustou smetanu a omáčku dále dusíme asi 5 minut, dokud mírně nezhoustne. Dochuťte solí a pepřem podle chuti.

f) Filety lososa vraťte na pánev a vařte další 2–3 minuty, nechte je prohřát a absorbovat část omáčky.

g) Filety lososa posypeme praženými semínky a nasekaným koprem.

h) Lososa podávejte s omáčkou Prosecco na jednotlivých talířích. Ozdobte plátky citronu.

i) Vychutnejte si lahodného lososa s opečenými semínky a omáčkou Prosecco!

## 33. Boloňské prosecco těstoviny

## SLOŽENÍ:
- 1 libra mletého hovězího masa
- 1 cibule, nakrájená nadrobno
- 2 stroužky česneku, mleté
- ½ šálku Prosecca
- 1 plechovka (14 uncí) drcených rajčat
- ¼ šálku rajčatové pasty
- 1 lžička sušeného oregana
- 1 lžička sušené bazalky
- Sůl a pepř na dochucení
- ¼ šálku husté smetany
- Vařené těstoviny dle vašeho výběru (jako špagety nebo fettuccine)
- Strouhaný parmazán k podávání
- Listy čerstvé bazalky na ozdobu

## INSTRUKCE:
a) Ve velké pánvi opečte mleté hovězí maso na středním ohni, dokud nezhnědne.
b) Na pánev přidejte nakrájenou cibuli a prolisovaný česnek a vařte do změknutí.
c) Vlijte prosecco a několik minut povařte, aby se odpařil alkohol.
d) Vmíchejte drcená rajčata, rajčatový protlak, sušené oregano a sušenou bazalku.
e) Dochuťte solí a pepřem podle chuti.
f) Omáčku vařte asi 20–30 minut, aby se chutě rozvinuly.
g) Vmíchejte hustou smetanu a vařte dalších 5 minut.
h) Boloňskou omáčku Prosecco podávejte s uvařenými těstovinami.

i) Posypeme strouhaným parmazánem a ozdobíme lístky čerstvé bazalky.

## 34. Houbové rizoto prosecco

## SLOŽENÍ:
- 1 šálek rýže Arborio
- 4 šálky zeleninového vývaru
- 1 šálek Prosecca
- 2 lžíce olivového oleje
- 1 cibule, nakrájená nadrobno
- 8 uncí hub, nakrájených na plátky
- 2 stroužky česneku, mleté
- ¼ šálku strouhaného parmazánu
- Sůl a pepř na dochucení
- Čerstvá petrželka na ozdobu

## INSTRUKCE:
a) V hrnci zahřejte na středním plameni zeleninový vývar a prosecco, dokud nebude horký.
b) V samostatné velké pánvi rozehřejte olivový olej na středním plameni.
c) Přidejte na pánev nakrájenou cibuli a vařte do změknutí.
d) Vmícháme nakrájené žampiony a nasekaný česnek a vaříme, dokud houby nezměknou a lehce nezhnědnou.
e) Přidejte rýži Arborio na pánev a míchejte, aby se zrna obalila houbovou směsí.
f) Postupně přidávejte směs horkého zeleninového vývaru, asi ½ šálku najednou, za stáleho míchání, dokud se každý přídavek nevstřebá, než přidáte další.
g) Pokračujte v tomto procesu, dokud nebude rýže uvařená al dente a nebude mít krémovou konzistenci.
h) Vmícháme nastrouhaný parmazán a dochutíme solí a pepřem podle chuti.
i) Ozdobte čerstvou petrželkou a podávejte houbové rizoto Prosecco jako lahodný hlavní chod.

## 35. Kuře s omáčkou Pomodoro a Prosecco

## SLOŽENÍ:

- 4 kuřecí prsa bez kostí a kůže
- Sůl a pepř na dochucení
- 2 lžíce olivového oleje
- 1 malá cibule, nakrájená nadrobno
- 3 stroužky česneku, nasekané
- 1 plechovka (14 uncí) nakrájených rajčat
- $\frac{1}{2}$ šálku prosecca nebo jakéhokoli šumivého bílého vína
- $\frac{1}{4}$ šálku rajčatové pasty
- 1 lžička sušené bazalky
- 1 lžička sušeného oregana
- $\frac{1}{2}$ lžičky cukru
- $\frac{1}{4}$ lžičky vloček červené papriky (volitelně, pro trochu tepla)
- Listy čerstvé bazalky, na ozdobu
- Strouhaný parmazán, k podávání

## INSTRUKCE:

a) Kuřecí prsa z obou stran osolíme a opepříme.

b) Ve velké pánvi rozehřejte olivový olej na středně vysokou teplotu. Přidejte kuřecí prsa a opékejte asi 5-6 minut z každé strany, dokud nezhnědnou a nepropečou. Vyjměte kuře z pánve a dejte stranou.

c) Do stejné pánve přidejte nakrájenou cibuli a česnek. Smažte 2-3 minuty, dokud cibule nezprůsvitní a česnek nezavoní.

d) Do pánve přidejte nakrájená rajčata, prosecco, rajčatový protlak, sušenou bazalku, sušené oregano, cukr a vločky červené papriky (pokud je používáte). Dobře promíchejte, aby se všechny ingredience spojily.

e) Snižte teplotu na minimum a omáčku vařte asi 10-15 minut, aby se chutě spojily a omáčka mírně zhoustla. V případě potřeby ještě dochuťte solí a pepřem.

f) Vraťte vařená kuřecí prsa na pánev a vložte je do omáčky. Na kuře nalijte lžičkou trochu omáčky.

g) Pokračujte ve vaření kuře v omáčce dalších 5 minut, nebo dokud se kuře neprohřeje.

h) Kuře ozdobte lístky čerstvé bazalky a posypte strouhaným parmazánem.

i) Kuře podávejte s omáčkou Pomodoro a Prosecco na těstovinách, rýži nebo s křupavým chlebem na boku.

## 36. Prosecco dušená hovězí krátká žebra

## SLOŽENÍ:
- 4 hovězí krátká žebra
- Sůl a pepř na dochucení
- 2 lžíce olivového oleje
- 1 cibule, nakrájená
- 2 mrkve, nakrájené
- 2 řapíkatý celer, nakrájený
- 4 stroužky česneku, mleté
- 2 šálky Prosecca
- 2 hrnky hovězího vývaru
- 2 snítky čerstvého tymiánu
- 2 snítky čerstvého rozmarýnu
- 1 bobkový list
- Čerstvá petrželka na ozdobu

## INSTRUKCE:
a) Předehřejte troubu na 325 °F (163 °C).
b) Krátká hovězí žebra osolíme a opepříme.
c) Ve velké holandské troubě nebo bezpečném hrnci zahřejte olivový olej na středně vysokou teplotu.
d) Krátká žebírka opečte ze všech stran, poté je vyjměte z hrnce a dejte stranou.
e) Do stejného hrnce přidejte nakrájenou cibuli, mrkev, celer a prolisovaný česnek.
f) Zeleninu vařte, dokud nezměkne a lehce zkaramelizuje.
g) Zalijte proseccem a hovězím vývarem a tekutinu přiveďte k varu.
h) Přidejte hnědá krátká žebírka zpět do hrnce spolu se snítkami čerstvého tymiánu, rozmarýnu a bobkovým listem.
i) Hrnec přikryjeme pokličkou a přendáme do předehřáté trouby.

j) Krátká žebírka dusíme v troubě asi 2-3 hodiny, nebo dokud není maso měkké a odpadávající od kosti.
k) Hrnec vyndejte z trouby a z povrchu odstraňte přebytečný tuk.
l) Prosecco dušená hovězí krátká žebra podávejte s dušením a ozdobte čerstvou petrželkou.

## 37. Prosecco marinované grilované kuře

## SLOŽENÍ:
- 4 kuřecí prsa bez kostí a kůže
- 1 šálek Prosecca
- ¼ šálku olivového oleje
- Šťáva z 1 citronu
- 2 stroužky česneku, mleté
- 1 lžíce nasekaných čerstvých bylinek (jako je rozmarýn, tymián nebo petržel)
- Sůl a pepř na dochucení
- Klínky citronu k podávání
- Čerstvé bylinky na ozdobu

## INSTRUKCE:
a) V misce prošlehejte prosecco, olivový olej, citronovou šťávu, prolisovaný česnek, nasekané čerstvé bylinky, sůl a pepř.
b) Kuřecí prsa vložte do uzavíratelného plastového sáčku nebo mělké misky a zalijte je marinádou prosecco.
c) Uzavřete sáček nebo misku přikryjte a dejte do chladničky alespoň na 1 hodinu nebo přes noc pro nejlepší chuť.
d) Předehřejte gril na středně vysokou teplotu.
e) Kuřecí prsa vyjměte z marinády, přebytečnou marinádu nechte okapat.
f) Kuře grilujte asi 6–8 minut z každé strany, nebo dokud nebude propečené a nebude uprostřed růžové.
g) Vyjměte kuře z grilu a nechte pár minut odpočinout.
h) Marinované grilované kuře Prosecco podávejte s měsíčky citronu a ozdobte čerstvými bylinkami.

# DEZERT

## 38. Prosecco dort

## SLOŽENÍ:
### NA DORT:
- 2 ½ šálků univerzální mouky
- 2 ½ lžičky prášku do pečiva
- ½ lžičky soli
- 1 šálek nesoleného másla, změkčeného
- 2 šálky krystalového cukru
- 4 velká vejce
- 1 lžička vanilkového extraktu
- 1 šálek prosecca (šumivé víno)
- ¼ šálku mléka

### NA MÁSELNOU POLAVU PROSECCO:
- 1 ½ šálku nesoleného másla, změkčeného
- 4 šálky moučkového cukru
- ¼ šálku prosecca (šumivé víno)
- 1 lžička vanilkového extraktu

### VOLITELNÁ OBLOŽENÍ:
- Jedlé perly
- Čerstvé bobule
- Šumivý cukr

## INSTRUKCE:
### NA DORT:
a) Předehřejte troubu na 180 °C (350 °F) a dvě 9palcové kulaté dortové formy vymažte tukem a moukou.

b) Ve střední míse smíchejte mouku, prášek do pečiva a sůl. Dát stranou.

c) Ve velké míse ušlehejte změklé máslo a krystalový cukr do světlé a nadýchané hmoty.

d) Přidejte vejce, jedno po druhém, a po každém přidání dobře prošlehejte. Vmícháme vanilkový extrakt.

e) Do máslové směsi postupně přidávejte suché ingredience, střídavě s Proseccem, počínaje a konče suchými ingrediencemi. Míchejte, dokud se nespojí.
f) Vmícháme mléko a mícháme, dokud není těsto hladké.
g) Těsto rovnoměrně rozdělte mezi připravené dortové formy a povrch uhlaďte stěrkou.
h) Pečte v předehřáté troubě asi 25-30 minut, nebo dokud párátko zapíchnuté do středu koláčků nevyjde čisté.
i) Vyjměte koláče z trouby a nechte je 10 minut vychladnout ve formách. Poté je přesuňte na mřížku, aby zcela vychladly.

## NA MÁSELNOU POLAVU PROSECCO:
j) Ve velké míse ušlehejte změklé máslo, dokud nebude krémové a hladké.
k) Postupně přidávejte moučkový cukr, jeden šálek po druhém, a po každém přidání dobře prošlehejte.
l) Vmíchejte prosecco a vanilkový extrakt a pokračujte v šlehání, dokud není poleva světlá a nadýchaná.

## SHROMÁŽDĚNÍ:
m) Umístěte jednu dortovou vrstvu na servírovací talíř nebo dortový stojan. Navrch rovnoměrně rozetřete velké množství krémové polevy Prosecco.
n) Navrch položte druhou vrstvu dortu a celý dort potřete zbylou polevou z máslového krému Prosecco, pomocí špachtle nebo hladítka dortů vytvořte hladký povrch.
o) Volitelné: Dort ozdobte jedlými perlami, čerstvým ovocem nebo posypem šumivého cukru pro větší eleganci a vizuální přitažlivost.
p) Nakrájejte a podávejte dort Prosecco, vychutnejte si jemné chutě a slavnostní dotek Prosecca.

## 39. Sýrové fondue Prosecco

## SLOŽENÍ:
- 1 šálek strouhaného sýra Gruyere
- 1 hrnek strouhaného sýra ementál
- 1 lžíce kukuřičného škrobu
- 1 šálek Prosecca
- 1 stroužek česneku, nasekaný
- 1 lžíce citronové šťávy
- Čerstvě mletý černý pepř
- Různé naběračky (jako jsou kostky chleba, plátky jablek nebo zelenina)

## INSTRUKCE:
a) V misce promíchejte nastrouhaný sýr Gruyere a ementál s kukuřičným škrobem, dokud se obalí.
b) V hrnci na fondue nebo hrnci zahřejte Prosecco na středním plameni, dokud nebude horké, ale ne vroucí.
c) Do horkého Prosecca postupně přidávejte strouhanou sýrovou směs za stálého míchání, dokud se nerozpustí a nebude hladká.
d) Vmícháme prolisovaný česnek a citronovou šťávu.
e) Okořeníme čerstvě mletým černým pepřem dle chuti.
f) Přeneste sýrové fondue Prosecco do nádoby na fondue, aby zůstalo teplé.
g) Podávejte s různými naběračkami pro zábavnou a interaktivní svačinu s proseccem.

## 40. Prosecco Granita

## SLOŽENÍ:

- 2 šálky Prosecca
- ¼ šálku cukru
- Šťáva z 1 citronu
- Čerstvé lístky máty na ozdobu

## INSTRUKCE:

a) V hrnci zahřejte prosecco a cukr na středním plameni, dokud se cukr nerozpustí.
b) Hrnec sejmeme z ohně a vmícháme citronovou šťávu.
c) Nalijte směs Prosecco do mělké misky vhodné do mrazáku.
d) Nádobu vložíme do mrazáku a necháme asi 1 hodinu tuhnout.
e) Po 1 hodině částečně zmrzlou směs oškrábejte a načechrejte vidličkou.
f) Vraťte misku do mrazáku a proces škrábání opakujte každých 30 minut po dobu asi 3-4 hodin, dokud granita nezíská nadýchanou a ledovou texturu.
g) Prosecco granita podávejte v dezertních miskách nebo skleničkách, ozdobené lístky čerstvé máty pro chladivé a osvěžující potěšení.

## 41. Broskev a prosecco Pavlova

## SLOŽENÍ:
- 4 bílky
- 1 hrnek moučkového cukru
- 1 lžička bílého octa
- 1 lžička kukuřičného škrobu
- 1 hrnek šlehačky
- 2 zralé broskve, nakrájené na plátky
- ½ šálku Prosecca

## INSTRUKCE:
a) Předehřejte troubu na 300 °F (150 °C). Plech vyložte pečícím papírem.
b) Bílky šlehejte, dokud se nevytvoří tuhé špičky. Postupně po jedné polévkové lžíci přidávejte cukr a po každém přidání dobře prošlehejte.
c) Přidejte ocet a kukuřičný škrob a šlehejte, dokud se nespojí.
d) Lžící naneste směs na připravený plech, abyste vytvořili kruh o průměru 20 cm.
e) Pomocí špachtle vytvořte ve středu pavlovy studnu.
f) Pečte 1 hodinu nebo dokud nebude pavlova zvenku křupavá a uvnitř měkká.
g) Necháme úplně vychladnout.
h) Navrch pavlovy potřeme šlehačku. Přidáme nakrájené broskve a zakápneme Proseccem.

## 42. Šampaňské panna cotta s ovocem

## SLOŽENÍ:
### VANILKA PANNA COTTA
- 1 ¼ šálku půl na půl
- 1 ¾ šálku husté smetany
- 2 lžičky neochucené želatiny
- 45 gramů krystalového cukru
- Špetka soli
- 1 ½ lžičky vanilkového extraktu

### ŠUMIVÉ VÍNNÉ ŽELÉ
- 2 šálky šampaňského, prosecca nebo šumivého vína
- 2 lžičky želatiny
- 4 lžičky krystalového cukru

## INSTRUKCE:
### VANILKA PANNA COTTA
a) Dejte 2 polévkové lžíce půl na půl do malého hrnku a navrch rovnoměrně posypte želatinou, aby vykvetla.

b) Zbytek mléka, cukru a soli dejte do hrnce na mírném ohni, ale nenechte vařit. Pokud ano, okamžitě jej stáhněte z ohně. Neustále ho hlídejte, protože se může velmi rychle převařit.

c) Míchejte, dokud se cukr úplně nerozpustí.

d) Přidejte smetanu a míchejte, dokud se zcela nezapracuje.

e) Vmícháme rozkvetlou želatinu. Nenechte to vařit.

f) Sundejte teplo.

g) Přidejte vanilkový extrakt.

h) Jemně míchejte, dokud směs nedosáhne pokojové teploty.

i) Směs nalijte do panáků nebo vysokých flétnových sklenic. Před nalitím do každé nové sklenice směs jemně promíchejte, aby se neoddělila.
j) Před přidáním šampaňského želé navrch vložte do vzduchotěsné nádoby do lednice, aby ztuhla. Přibližně 2-4 hodiny.

## ŠUMIVÉ VÍNNÉ ŽELÉ

k) Do šálku dejte 2 lžíce sektu a navrch posypte želatinou, aby vykvetla.
l) Vložte cukr a Prosecco do malé pánve a zahřívejte na mírném ohni.
m) Jakmile se cukr rozpustí, přidáme za stálého šlehání rozkvetlou želatinu. Nenechte to vařit.
n) Jakmile vychladne na pokojovou teplotu. Nalijte na nastavenou panna cottu. Před nalitím do každé sklenice směs jemně promíchejte.
o) Jakmile želé ztuhne, těsně před podáváním navrch jemně položte některé bobule dle vašeho výběru. Doplňte zbytek sklenice šampaňským. Krouživým pohybem sklenicí nechte vytéct šťávu z bobulí. Flétnové sklo bude mít nyní tři různé vrstvy barvy.

## 43. Jahodový šampaňský sorbet

**SLOŽENÍ:**

- 4 šálky čerstvých jahod, omytých a oloupaných
- 1 ½ šálku šampaňského nebo prosecca
- ⅓ šálku krystalového cukru

**INSTRUKCE:**

a) Všechny ingredience přidejte do mixéru a mixujte do hladka.

b) Směs přendejte do zmrzlinovače a šlehejte podle pokynů výrobce.

c) Okamžitě snězte nebo přendejte do mrazuvzdorné nádoby vychladit do ztuhnutí.

## 44. Paštika s jahodami a prosecco

## SLOŽENÍ:
- 2 šálky krystalového cukru
- ¾ šálku jahodového pyré
- 1-¼ šálku neslazeného jablečného pyré
- 1 lžička citronové šťávy
- 4 lžičky práškového pektinu
- 4-½ lžičky prosecca

## INSTRUKCE:
a) Čtvercovou pánev o rozměrech 8 x 8 palců vyložte dvěma překříženými kusy pergamenového papíru. Považuji za užitečné používat kolíčky na prádlo, aby papír zůstal na místě.
b) V hlubokém 3-litrovém hrnci smíchejte cukr, jahodové pyré, jablečnou omáčku, citronovou šťávu a pektin.
c) Přiveďte k varu na středním plameni za častého míchání žáruvzdornou špachtlí nebo dřevěnou lžící.
d) Jakmile se směs vaří asi 10 minut, opatrně připevněte teploměr na cukroví. V tuto chvíli budete chtít neustále míchat, aby se dno pánve nepřipálilo.
e) Vařte, dokud teploměr nedosáhne 225F. Vypněte oheň a vmíchejte červené víno.
f) Vypněte oheň a vmíchejte červené víno, poté ihned nalijte sirup do připravené pánve.
g) Nechte uležet 4-8 hodin, dokud neztuhne.
h) Prkénko vydatně posypte krystalovým cukrem a poté na prkénko vyklopte paštiku.
i) Jemně sloupněte pergamenový papír. Bude to lepit, takže pracujte od jednoho rohu a pomalu odlupujte.

j) Pomocí velkého ostrého nože nakrájejte cukroví na proužky o délce jednoho palce a poté na kousky o délce jednoho palce. Mezi řezy budete muset nůž umýt a vysušit.
k) Ovocné čtverečky posypte dalším cukrem.
l) Skladujte ve vzduchotěsné nádobě s pergamenem mezi vrstvami.

## 45. Hrozny Prosecco Vodka

## SLOŽENÍ:

- 16 uncí červených hroznů bez pecek
- 16 uncí zelených hroznů bez pecek
- 750 ml prosecca
- 6 uncí vodky
- ⅓ šálku krystalového cukru

## INSTRUKCE:

a) Hrozny omyjte a osušte, poté přidejte do velké mísy.

b) Nalijte na hrozny Prosecco a vodku a dejte přes noc do lednice.

c) Hrozny přeceďte a lehce osušte papírovou utěrkou a nechte je vlhké. Poznámka: Vyložení plechu papírovými utěrkami a kývání tam a zpět je rychlý způsob, jak je lehce osušit.

d) Rozprostřete v rovnoměrné vrstvě na plech a posypte cukrem. Jemně přehazujte, aby se srst.

## 46. Med s infuzí prosecco

## SLOŽENÍ:

- 4 zralé broskve, oloupané, vypeckované a nakrájené na plátky
- 1 lžíce cukru
- 1 šálek Prosecca nebo jakéhokoli šumivého bílého vína
- lístky čerstvé máty na ozdobu (volitelně)
- Vanilková zmrzlina nebo šlehačka (volitelně)

## INSTRUKCE:

a) V misce smíchejte nakrájené broskve, cukr a prosecco. Jemně promíchejte, aby se broskve rovnoměrně obalily. Nechte směs uležet asi 10-15 minut, aby se chutě spojily.
b) Broskve a směs Prosecco rozdělte do servírovacích misek nebo dezertních skleniček.
c) Pokud chcete, doplňte broskve kopečkem vanilkové zmrzliny nebo kopečkem šlehačky.
d) V případě potřeby ozdobte lístky čerstvé máty.
e) Okamžitě podávejte dezert Broskve a Prosecco a vychutnejte si lahodnou kombinaci chutí.

## 47. Růžové prosecco gumoví medvídci

## SLOŽENÍ:

- 200 ml Prosecca
- 100 g cukru
- Dost želatiny, aby ztuhla asi pětkrát více tekutiny, než máte

## INSTRUKCE:

a) Prosecco a cukr nasypte do pánve a na mírném ohni je jemně zahřívejte, dokud se cukr nerozpustí.

b) Do pánve po kouscích přidávejte práškovou želatinu a za stálého míchání tekutinu velmi, velmi pomalu zahřívejte, zatímco se cukr a želatina rozpouštějí do prosecca - čím pomaleji budete směs zahřívat, tím více šumění budete mít v hotových gumových medvídcích chuť. .

c) Jakmile se vše rozpustí, sundejte pánev z ohně a přidejte do pánve několik kapek růžového potravinářského barviva. Míchejte, dokud není tekutina růžová - udělal jsem jednu várku s tímto a jednu bez a várka s potravinářským barvivem se z nějakého zvláštního důvodu zlepšila.

d) Dále můžete začít plnit formičky na gumových medvídků, což se snadněji řekne, než udělá, pokud jste nedostali formičky dodané se stříkačkou, protože jsou tak malé a snadno přetečou, když naléváte tekutinu. Zjistil jsem, že nejlepší způsob, jak to udělat, je použít své odměrky - ta nejmenší je ideální pro plnění forem.

e) Nechte pár hodin ztuhnout v lednici - nejlépe přes noc.

## 48. Ovocný salát z mimózy

## SLOŽENÍ:

- 3 kiwi, oloupaná a nakrájená na plátky
- 1 šálek ostružin
- 1 šálek borůvek
- 1 šálek jahod, nakrájených na čtvrtky
- 1 šálek ananasu, nakrájený na malé kousky
- 1 šálek Prosecca, chlazeného
- ½ šálku čerstvě vymačkané pomerančové šťávy
- 1 polévková lžíce medu
- ½ šálku čerstvé máty

## INSTRUKCE:

a) Ve velké míse smíchejte všechno ovoce.

b) Ovoce nalijte Prosecco, pomerančový džus a med a opatrně promíchejte, aby se spojily.

c) Ozdobte mátou a podávejte.

# 49. Macarons Prosecco

## SLOŽENÍ:
### K NÁPLNĚ:
- ½ šálku husté smetany, rozdělené
- ½ šálku Prosecca
- 2 lžíce kukuřičného škrobu
- 2 lžíce krystalového cukru
- 1 celé vejce
- 2 žloutky
- 2 lžíce nesoleného másla
- 1 lžička vanilkového extraktu

### NA MAKARONOVÉ SKUPINKY:
- 100 gramů mandlové moučky
- 1 hrnek moučkového cukru
- kůra z jednoho pomeranče
- 3 bílky
- ⅛ lžičky tatarského krému
- ¼ šálku + 2 lžičky superjemného cukru
- Růžově růžová a citronově žlutá gelová potravinářská pasta (volitelně)

## INSTRUKCE:
### UDĚLEJTE NÁPLŇ:
a) V misce smíchejte ¼ šálku smetany s kukuřičným škrobem, žloutky a celým vejcem; dát stranou.
b) V malém hrnci smíchejte zbývající smetanu, prosecco a krystalový cukr a dejte na střední teplotu.
c) Když se směs začne vařit, přidejte jednu třetinu do vaječné směsi a intenzivně šlehejte.
d) Ohřátou vaječnou směs nalijte zpět do hrnce a vařte na mírném ohni do zhoustnutí.

e) Sundejte z ohně a vmíchejte nesolené máslo a vanilkový extrakt.

f) Směs přecedíme přes jemný cedník do tepelně bezpečné misky, povrch zakryjeme igelitem a dáme vychladit do lednice.

## UDĚLEJTE MAKARONOVÉ SKUPINKY:

g) Mandlovou moučku a moučkový cukr prosejeme, velké kousky vyhoďte a do směsi přidejte pomerančovou kůru.

h) V samostatné misce ušlehejte bílky do pěny, poté přidejte tatarskou smetanu a pokračujte ve šlehání, dokud se nevytvoří měkké vrcholy.

i) Pomalu přidávejte superjemný cukr a pokračujte ve šlehání bílků.

j) V případě potřeby obarvte směs růžovou a citronově žlutou gelovou pastou.

k) Směs šlehejte, dokud nedosáhnete tuhých vrcholů.

l) Mandlovou směs jemně vmíchejte do vyšlehaných bílků, dokud těsto neklesne ze stěrky do dlouhé stuhy.

m) Těsto přeneste do vytlačovacího sáčku s malou kulatou špičkou a na plech vyložený pečicím papírem rourky o průměru jednoho palce.

n) Předehřejte troubu na 375 stupňů F (190 stupňů C).

o) Skořápky makronek nechte zaschnout a vytvořte tenkou membránu/slupku asi 20–30 minut.

p) Snižte teplotu trouby na 325 stupňů F (163 stupňů C) a pečte macaronové skořápky po dobu 12–15 minut.

q) Skořápky ochlaďte na plechu.

## SESTAVTE MAKARONKY:

r) Jakmile skořápky vychladnou, naneste na polovinu skořápek asi dvě lžičky vychlazené náplně.

s) Náplň obložte zbývajícími skořápkami.

## 50. Zmrzlina Prosecco

## SLOŽENÍ:
- 2 šálky + 2 lžíce plnotučného mléka
- 1 ¼ šálku husté smetany
- 2 lžíce kukuřičného sirupu
- ½ šálku bílého krystalového cukru
- 1 lžička košer soli
- 1 ½ lžičky kukuřičného škrobu
- 1 lžička vanilkového extraktu
- ½ lžičky pomerančového extraktu
- 2 lžíce pomerančové kůry
- ⅓ šálku Prosecca

## INSTRUKCE:
a) Ve čtyřlitrovém hrnci rozšlehejte 2 hrnky mléka, hustou smetanu, kukuřičný sirup, cukr a sůl. Přiveďte k varu na středním plameni. Pozorně sledujte a často šlehejte.

b) V samostatné misce rozšlehejte kukuřičný škrob a vyhrazené 2 lžíce mléka, dokud nebude hladká. Nastaveno u hrnce.

c) Jakmile se směs dostane k mírnému varu, šlehejte, aby se veškerý cukr rozpustil. Směs nechte pomalu vařit 2 minuty. Poté stáhněte z ohně a zašlehejte směs kukuřičného škrobu. Vraťte na oheň a šlehejte, dokud směs nebude bublat.

d) Sundejte z ohně a vmíchejte vanilku, pomerančový extrakt a pomerančovou kůru. Nechte vychladnout na pokojovou teplotu, asi 20 minut. Poté nalijte do vzduchotěsné nádoby přes sítko, abyste odstranili všechny hrudky a veškerou kůru.

e) Chlaďte alespoň 6 hodin.

f) Když zmrzlinový základ vychladne, vyjměte jej z chladničky a nalijte do zmrzlinovače. Přidejte Prosecco na zmrzlinový základ.

g) Postupujte podle pokynů výrobce, protože se mohou lišit v závislosti na výrobci. Vložte lopatku a míchejte, dokud nezhoustne. S nástavcem na zmrzlinu KitchenAid to trvá asi 25–30 minut.

h) Když se zmrzlina stlouká, naberte ji do vzduchotěsné mrazicí nádoby. Před konzumací zmrazte na 4–6 hodin, abyste měli jistotu, že bude mít dobrou konzistenci na nabírání.

## 51. Ovocný salát Prosecco

## SLOŽENÍ:
- 3 kiwi, oloupaná a nakrájená na plátky
- 1 šálek ostružin
- 1 šálek borůvek
- 1 šálek jahod, nakrájených na čtvrtky
- 1 šálek ananasu, nakrájený na malé kousky
- 1 šálek Prosecca, chlazeného
- ½ šálku čerstvě vymačkané pomerančové šťávy
- 1 polévková lžíce medu
- ½ šálku čerstvé máty

## INSTRUKCE:
d) Ve velké míse smíchejte všechno ovoce.

e) Ovoce nalijte Prosecco, pomerančový džus a med a opatrně promíchejte, aby se spojily.

f) Ozdobte mátou a podávejte.

## 52. Brusinkový -Prosecco snídaňový dort

## SLOŽENÍ:
- Sprej na vaření
- 1 šálek (2 tyčinky) nesoleného másla, změkčeného
- 1 ¾ šálku (350 g) krupicového cukru, rozdělený, plus další k podávání
- 2 lžíce jemně nastrouhané pomerančové kůry
- 2 velká vejce
- 2 velké žloutky
- 4 šálky (480 g) mouky na koláč
- 2 ½ lžičky prášku do pečiva
- 1 lžička košer soli
- ½ lžičky jedlé sody
- 1 šálek čerstvé pomerančové šťávy (z asi 2 velkých pupečních pomerančů)
- ½ hrnku obyčejného řeckého jogurtu
- ½ šálku Brut Prosecco
- 12 uncí čerstvých nebo mražených brusinek (asi 3 šálky), rozdělených

Pokyny:
a) Předehřejte troubu na 350 °F (175 °C). Pekáč 13" x 9" vymažte sprejem na vaření. Pánev vyložte pečicím papírem, ponechte na obou dlouhých stranách 2" přesah a poté pergamen namažte sprejem na vaření.
b) Ve velké míse stojanového mixéru vybaveného lopatkovým nástavcem (nebo ve velké míse pomocí ručního mixéru) šlehejte změklé máslo a 1 ½ šálku krupicového cukru při středně vysoké rychlosti, dokud nebude světlé a nadýchané, asi 5 minut. Podle potřeby oškrábejte stěny mísy. Přidejte 1 polévkovou lžíci pomerančové kůry a šlehejte na středně nízkou rychlost, dokud se nespojí.

Přidejte vejce a žloutky, jeden po druhém, a po každém přidání šlehejte do smíchání.

c) Ve střední míse smíchejte mouku na koláč, prášek do pečiva, košer sůl a jedlou sodu. Do máslové směsi přidejte polovinu suchých ingrediencí a šlehejte na nízkou rychlost, dokud se nespojí. Přidejte čerstvou pomerančovou šťávu a řecký jogurt a šlehejte na střední rychlost, dokud se nezapracuje většina tekutiny. Přidejte brut Prosecco a zbývající suché ingredience a šlehejte na nízkou rychlost, dokud se nezapracuje; je v pořádku, pokud je tam pár malých hrudek. Oškrábejte dno misky, abyste se ujistili, že tam nejsou žádná suchá místa. Vmíchejte 2 šálky brusinek.

d) Nalijte těsto do připravené pánve a posypte zbývajícím 1 šálkem brusinek. V malé misce smíchejte ¼ šálku cukru a 1 polévkovou lžíci pomerančové kůry. Touto směsí potřete vršek těsta.

e) Pečte dort, dokud nebude zlatavě hnědý a tester vložený do středu nevyjde čistý, přibližně 50 až 55 minut.

f) Nechte koláč vychladnout a před podáváním posypte dalším cukrem a pomerančovou kůrou.

## 53. Klasický dort Prosecco

## SLOŽENÍ:
### Piškotové dorty:
- 1 ¼ šálku (250 g) cukru
- 1 ¼ šálku (140 g) víceúčelové mouky (00)
- ¾ šálku (120 g) bramborového škrobu
- 8 vajec, pokojové teploty
- 2 vanilkové lusky
- 1 špetka jemné soli

### KRÉMOVÝ KRÉM (PRO 30 uncí / 850 G):
- 5 žloutků
- 1 šálek (175 g) cukru
- 2 šálky (500 ml) plnotučného mléka
- ½ šálku (125 ml) husté smetany
- 7 polévkových lžic (55 g) kukuřičného škrobu
- 1 vanilkový lusk

### CHANTILLY KRÉM:
- ½ šálku (100 ml) husté smetany
- 2 ½ polévkové lžíce (10 g) moučkového cukru

### LIKÉROVÝ SIRUP:
- 0,6 šálku (130 g) vody
- 0,3 šálku (75 g) cukru
- 0,3 šálku (70 g) likéru Grand Marnier
- Ozdobit:
- moučkový cukr (podle chuti)

## INSTRUKCE:
### PŘÍPRAVA PIŠKOTŮ:
a) Předehřejte troubu na 325 °F (160 °C) ve statickém režimu. Dvě dortové formy o průměru 8" (20 cm) vymažte tukem a moukou.

b) Ve stojanovém mixéru rozklepněte vejce, přidejte semínka z vanilkových lusků a špetku soli a pomalu přidávejte cukr. Šlehejte při mírné rychlosti asi 15 minut, dokud vejce neztrojnásobí svůj objem a nebudou tekutá a krémová.

c) Mouku a bramborový škrob prosejeme dohromady. Jemně vmíchejte prášek do vaječné směsi pohybem nahoru pomocí špachtle, dokud nebude homogenní.

d) Těsto rovnoměrně rozdělte mezi dvě dortové formy. Pečte v předehřáté troubě na spodní příčce asi 50 minut, nebo dokud nevyjde párátko čisté.

e) Než koláčky vyjmete, nechte je ve formách úplně vychladnout. Poté přemístěte na chladicí mřížku, abyste dokončili chlazení.

f) Příprava diplomatického krému:

g) Na cukrářský krém zahřejte mléko, smetanu a vanilkový lusk (rozpůlený) na pánvi téměř do varu.

h) V samostatné misce ušlehejte žloutky s cukrem a vanilkovými semínky. Kukuřičný škrob prosejeme do směsi a promícháme.

i) Z mléčné směsi vyjměte vanilkový lusk a do žloutkové směsi pomalu nalijte jednu naběračku horkého mléka a míchejte metličkou, aby se rozpustila.

j) Vše vlijte zpět do pánve s horkým mlékem a na mírném ohni za stálého míchání vařte do zhoustnutí. Cukrářský krém přendejte do zapékací misky, přikryjte potravinářskou fólií a nechte zcela vychladnout.

k) V samostatné misce ušlehejte čerstvou smetanu s moučkovým cukrem, dokud nebude dobře našlehaná. Do vychladlého cukrářského krému přidáme lžíci šlehačky a intenzivně mícháme. Poté opatrně vmícháme zbývající šlehačku. Zakryjte plastovým obalem a dejte do chladničky asi na 30 minut ztuhnout.

**PŘÍPRAVA SIRUPU :**

l) V hrnci smíchejte vodu, cukr a likér Grand Marnier. Zahřívejte a míchejte, dokud se cukr nerozpustí. Sirup necháme vychladnout.

Sestavení dortu:

m) Z obou piškotů ořízněte vnější kůrku, nechte jen tu světlejší část, abyste snížili množství odpadu.

n) Vezměte jeden piškot a nakrájejte ho na tři jednotné vrstvy.

o) Umístěte první vrstvu na servírovací talíř a navlhčete ji sirupem.

p) Navlhčenou vrstvu rozetřeme asi $\frac{1}{4}$ vychlazeného diplomatického krému.

q) Opakujte s druhou vrstvou, sirupem a smetanou. Poté přidejte poslední vrstvu a namočte ji zbylým sirupem.

r) Vršek a boky dortu potřeme zbylým vychlazeným krémem.

s) Druhý piškot nakrájejte na svislé řezy a poté na malé kostičky.

t) Po celé ploše dortu včetně okrajů položíme kostky piškotu.

u) Před podáváním dejte koláč na pár hodin do lednice.

v) Klasický dort Prosecco před podáváním poprašte moučkovým cukrem.

**ÚLOŽNÝ PROSTOR:**

w) Sestavený dort Prosecco lze skladovat v lednici až 3-4 dny. Samotný piškot lze skladovat 2 dny zabalený v igelitové fólii nebo zmrazený až 1 měsíc. Krém lze také skladovat 2-3 dny v lednici.

## 54. Košíčky Prosecco

## SLOŽENÍ:
- 1 krabice směsi vanilkového koláče
- 1 ¼ šálku prosecca, rozděleného
- ⅓ šálku rostlinného oleje
- 3 velká vejce
- 2 lžičky pomerančové kůry, rozdělené
- 1 šálek (2 tyčinky) másla, změkl
- 4 šálky moučkového cukru
- 1 lžička čistého vanilkového extraktu
- Špetka košer soli
- Zlatý brusný cukr
- Pomerančové klínky, na ozdobu

## INSTRUKCE:
a) Předehřejte troubu na 350 °F a vyložte dvě formy na košíčky vložkami na košíčky.

b) Ve velké míse smíchejte směs na vanilkový koláč s 1 šálkem prosecca, rostlinným olejem, vejci a 1 lžičkou pomerančové kůry.

c) Košíčky upečeme podle návodu na obalu.

d) Před polevou nechte košíčky úplně vychladnout.

e) Mezitím si připravte polevu Prosecco: Ve velké míse vyšlehejte pomocí ručního mixéru změklé máslo, dokud nebude světlé a nadýchané.

f) Přidejte 3 hrnky moučkového cukru a šlehejte, dokud nezůstanou žádné hrudky.

g) Smíchejte zbývající ¼ šálku prosecca, čistý vanilkový extrakt, zbývající lžičku pomerančové kůry a špetku soli. Šlehejte, dokud se dobře nespojí.

h) Přidejte zbývající 1 hrnek moučkového cukru a šlehejte, dokud není poleva světlá a nadýchaná.

i) Vychladlé cupcakes zmrazte odsazenou stěrkou.

j) Každý košíček ozdobte posypem zlatého brusného cukru a malým kolečkem pomeranče.

## 55. Krvavý pomerančový dort Prosecco

## SLOŽENÍ:
- 1 ½ šálku (3 tyčinky) nesoleného másla, pokojová teplota
- 2 ¾ šálků krystalového cukru
- 5 velkých vajec, pokojová teplota
- 3 hrnky prosáté koláčové mouky
- ½ lžičky soli
- 1 šálek růžového Moscato nebo Prosecca
- 3 lžíce pomerančové kůry
- 1 lžíce čistého vanilkového extraktu

## JEDNODUCHÝ SIRUP:
- ½ šálku růžového Moscato nebo Prosecca
- ½ šálku krystalového cukru
- ¼ šálku čerstvé krvavě-pomerančové šťávy

## ORANŽOVÁ glazura:
- 1 ½ šálku cukrářského cukru
- 3 lžíce čerstvé krvavě-pomerančové šťávy

## INSTRUKCE:
a) Předehřejte troubu na 315 stupňů F. Postříkejte 10-hrnkovou Bundtovou pánev nepřilnavým sprejem na pečení.
b) V míse stojanového mixéru smíchejte cukr s pomerančovou kůrou. Kůru vetřete do cukru, dokud nebude voňavá.
c) Do mísy přidejte máslo a sůl a smetanu spolu s cukrem. Šlehejte na středně vysokou teplotu 7 minut, dokud máslo nebude světle žluté a nadýchané.
d) Přidávejte vejce jedno po druhém, po každém přidání dobře promíchejte a podle potřeby seškrábejte stěny mísy.

e) Snižte rychlost na nízkou a pomalu přidávejte mouku ve dvou dávkách a míchejte, dokud se nespojí. Nepřemíchávejte.

f) Nalijte Moscato a míchejte, dokud se nespojí.

g) Těsto nalijte do připravené formy a pečte 70–80 minut, nebo dokud nebude párátko zapíchnuté do středu koláče čisté.

h) Před vyklopením na servírovací talíř nechte koláč alespoň 10 minut vychladnout ve formě. Nechte vychladnout na pokojovou teplotu.

Pro jednoduchý sirup:

i) V malém hrnci nastaveném na střední teplotu smíchejte všechny ingredience a vařte na středně vysokém ohni.

j) Směs zredukujte asi o třetinu, dokud nezhoustne, asi 5 minut.

k) Odstraňte z ohně a nechte zcela vychladnout.

**NA GLAZU:**

l) V malé misce smíchejte všechny ingredience, dokud nebudou tekuté.

m) Sestavení dortu:

n) Po celém vychladlém koláči propíchněte špejlí nebo vidličkou dírky.

o) Jednoduchým sirupem nalijte dort, aby se vstřebal. V případě potřeby opakujte.

p) Nakonec koláč pokapeme polevou a necháme 10 minut ztuhnout.

q) Vychutnejte si tento nádherný dort Blood Orange Prosecco, ideální pro oslavy nebo jakoukoli zvláštní příležitost!

## 56. Prosecco Mousse

## SLOŽENÍ:
- 1 šálek husté smetany
- ¼ šálku moučkového cukru
- ¼ šálku Prosecca
- ¼ šálku čerstvé pomerančové šťávy
- 1 lžíce pomerančové kůry
- Čerstvé pomerančové segmenty na ozdobu

## INSTRUKCE:
a) Ve vychlazené míse ušlehejte hustou smetanu, dokud se nevytvoří měkké vrcholy.
b) Do šlehačky postupně přidávejte moučkový cukr, prosecco a čerstvou pomerančovou šťávu a pokračujte ve šlehání.
c) Jemně vmícháme pomerančovou kůru.
d) Přeneste pěnu Prosecco do servírovacích sklenic nebo misek.
e) Nechte v lednici alespoň 2 hodiny ztuhnout.
f) Před podáváním každou porci ozdobte plátky čerstvého pomeranče.

## 57. Cheesecake tyčinky Prosecco

## SLOŽENÍ:
**PRO KŮRU:**
- 1 ½ šálku strouhanky z grahamového sušenky
- ¼ šálku krystalového cukru
- ½ šálku nesoleného másla, rozpuštěného

**NA NÁPLŇ CHEESECAKE:**
- 16 uncí smetanového sýra, změkčeného
- 1 šálek krystalového cukru
- ¼ šálku zakysané smetany
- ¼ šálku Prosecca
- ¼ šálku čerstvé pomerančové šťávy
- 1 lžíce pomerančové kůry
- 3 velká vejce
- 1 lžička vanilkového extraktu

## INSTRUKCE:
a) Předehřejte troubu na 325 °F (160 °C) a vyložte pekáč o rozměrech 9 × 9 palců pečicím papírem, přičemž po stranách nechte přesah.
b) Ve střední misce smíchejte grahamové drobky, krystalový cukr a rozpuštěné máslo.
c) Směs natlačíme na dno připraveného pekáče, aby se vytvořila kůrčička.
d) Ve velké míse ušlehejte změklý smetanový sýr a krystalový cukr, dokud nebude hladký a krémový.
e) Přidejte zakysanou smetanu, prosecco, čerstvou pomerančovou šťávu a pomerančovou kůru a míchejte, dokud se dobře nespojí.
f) Jedno po druhém zašlehejte vejce, poté přidejte vanilkový extrakt a míchejte do hladka.
g) Nalijte tvarohovou náplň na kůru v pekáči.

h) Pečte v předehřáté troubě 40–45 minut, nebo dokud okraje neztuhnou a střed se lehce netřepe.

i) Cheesecakové tyčinky nechte na pánvi úplně vychladnout, poté je dejte do lednice alespoň na 4 hodiny, než je nakrájejte na čtverečky a podávejte.

## 58. Role na dort Prosecco

## SLOŽENÍ:
### NA PIŠŤOVÝ DORT:
- 4 velká vejce, oddělená
- ¾ šálku krystalového cukru, rozdělené
- ¼ šálku Prosecca
- ¼ šálku čerstvé pomerančové šťávy
- 1 lžíce pomerančové kůry
- 1 hrnek mouky na koláč
- 1 lžička prášku do pečiva
- Špetka soli

### K NÁPLNĚ:
- 1 šálek husté smetany
- ¼ šálku moučkového cukru
- ¼ šálku Prosecca
- 1 lžička vanilkového extraktu
- Čerstvé pomerančové segmenty na ozdobu
- Moučkový cukr na posypání

## INSTRUKCE:
### NA PIŠŤOVÝ DORT:
a) Předehřejte troubu na 350 °F (175 °C) a vymastěte si formu na želé o rozměrech 10 x 15 palců. Plech vyložte pečicím papírem a po stranách nechte přesah.
b) Ve velké míse ušlehejte žloutky s ½ šálkem krystalového cukru, dokud nebudou světlé a nadýchané.
c) Vmíchejte Prosecco, čerstvou pomerančovou šťávu a pomerančovou kůru, dokud se dobře nespojí.
d) V samostatné misce smíchejte mouku na koláč, prášek do pečiva a sůl.
e) Postupně přidávejte suché ingredience k mokrým a míchejte, dokud není těsto hladké.

f) V jiné čisté misce ušlehejte bílky do pěny, poté postupně za stálého šlehání přidávejte zbývající ¼ šálku krupicového cukru.
g) Vyšlehejte bílky, dokud se nevytvoří tuhé špičky.
h) Jemně vmíchejte vyšlehané bílky do těsta na koláč, dokud se zcela nezapracují.
i) Těsto nalijte do připravené želé formy a rovnoměrně rozprostřete.
j) Pečte v předehřáté troubě 12-15 minut nebo dokud koláč při lehkém dotyku nevyskočí.
k) Ještě teplý koláč opatrně zvedněte z formy pomocí přesahu pečícího papíru a přeneste na čistý povrch.
l) Teplý koláč pevně srolujte, začněte od kratšího konce, na pomoc použijte pečicí papír. Ve srolovaném tvaru necháme zcela vychladnout.

## K NÁPLNĚ:

m) Ve vychlazené míse ušlehejte hustou smetanu, dokud se nevytvoří měkké vrcholy.
n) Do šlehačky za stálého šlehání postupně přidávejte moučkový cukr, prosecco a vanilkový extrakt.
o) Vychladlý dort jemně rozvineme a po povrchu rovnoměrně rozetřeme krémovou náplň Prosecco.
p) Dort srolujte zpět, tentokrát bez pečícího papíru, a přeneste ho na servírovací talíř.
q) Ozdobte plátky čerstvého pomeranče a poprašte moučkovým cukrem.
r) Roládu dortového Prosecca nakrájejte na kousky a podávejte.

## 59. Nanuky Prosecco

## SLOŽENÍ:
- 1 šálek čerstvé pomerančové šťávy
- ½ šálku Prosecca
- 2 lžíce medu (podle chuti)
- Čerstvé pomerančové plátky nebo segmenty

## INSTRUKCE:
a) V misce smíchejte čerstvou pomerančovou šťávu, Prosecco a med, dokud se dobře nespojí.

b) Do formiček na nanuky vložte několik plátků nebo dílků čerstvého pomeranče.

c) Směsí Prosecco přelijte plátky pomeranče ve formách na nanuky.

d) Do každé formy vložte tyčinky od nanuků.

e) Zmrazte nanuky alespoň na 4 hodiny nebo do úplného ztuhnutí.

f) Jemně vyjměte nanuky z formiček a vychutnejte si tento ledový a osvěžující dezert inspirovaný Proseccem.

## 60. Prosecco Granita

## SLOŽENÍ:
- ½ šálku cukru
- 1 ¼ šálku Prosecca
- 1 lžíce limetkové šťávy
- 1 šálek čerstvě vymačkané pomerančové šťávy

## INSTRUKCE:
a) Ve velké míse šlehejte dohromady pomerančovou šťávu a cukr, dokud se cukr úplně nerozpustí.
b) Vmíchejte Prosecco a limetkovou šťávu a vytvořte lahodnou směs Prosecca.
c) Nalijte směs do dvou forem na led a dejte je do mrazáku.
d) Směs nechte zmrazit do ztuhnutí, což obvykle trvá minimálně 2 hodiny. Pro pozdější použití můžete zmrazené kostky přemístit do plastových sáčků na zip a uložit je do mrazáku po dobu až 1 týdne.
e) Těsně před podáváním odeberte jednu vrstvu mražených kostek a vložte je do mísy kuchyňského robota s ocelovou čepelí.
f) Směsí v kuchyňském robotu pulsujte asi 10krát nebo 12krát, nebo dokud nezůstanou žádné velké kusy ledu, čímž vznikne krásná textura granita.
g) Naberte krystaly Prosecco do jednotlivých misek, připravené k ochutnání a vychutnání.
h) Pokud potřebujete více porcí, opakujte proces se zbývajícími kostkami ledu.
i) Prosecco Granita podávejte okamžitě a vychutnejte si jeho osvěžující a ovocnou chuť.

j) Tato nádherná granita je perfektní pochoutkou na ochlazení v teplých dnech nebo jako nádherný způsob, jak oslavit výjimečné okamžiky. Užívat si!'

## 61. Broskve a bobule v Prosecco

## SLOŽENÍ:

- 2 libry broskví, nejlépe aromatické odrůdy s bílou dužinou
- 2/3 šálku krystalového cukru
- 1 1/2 šálku Prosecca nebo jiného mladého, ovocného, suchého bílého vína
- 1/2 pinty Maliny
- 1/2 litru borůvek
- Kůra z 1 citronu

## INSTRUKCE:

a) Začněte tím, že broskve omyjete, oloupete, odstraníte pecky a nakrájíte je na kousky o tloušťce přibližně 1/4 palce. Vložte nakrájené broskve do servírovací mísy.

b) Do mísy s broskvemi přidejte krystalový cukr a bílé víno (Prosecco nebo podobné suché bílé víno). Důkladně promíchejte, aby se spojily.

c) Maliny a borůvky omyjte a jemně je přidejte do mísy s broskvemi a vinnou směsí.

d) Nastrouhejte tenkou žlutou kůru z poloviny citronu, dejte pozor, abyste nezahrnuli hořkou bílou dřeň. Do misky přidejte citronovou kůru.

e) Jemně promíchejte obsah misky tak, že ji několikrát otočíte.

f) Ovocnou směs dejte před podáváním alespoň na 1 hodinu do lednice, případně si ji připravte předem, a to i hned ráno v den, kdy ji plánujete podávat. Užívat si!

## 62. Prosecco pošírované hrušky

## SLOŽENÍ:
- 4 zralé hrušky
- 1 láhev Prosecca
- 1 šálek krystalového cukru
- 1 vanilkový lusk (rozpůlený a nastrouhaný)

## INSTRUKCE:
a) Hrušky oloupejte, stopky nechte neporušené.

b) Ve velkém hrnci smíchejte prosecco, cukr a vyškrábaná semínka vanilky.

c) Přidejte hrušky do hrnce a směs přiveďte k mírnému varu.

d) Hrušky povařte asi 20–25 minut, nebo dokud nebudou měkké, ale ne kašovité.

e) Vyjměte hrušky a nechte je vychladnout. Pošírovací tekutinu dále dusíme, dokud nezhoustne na sirup.

f) Hrušky podávejte pokapané sirupem Prosecco.

# 63. Prosecco Berry Parfait

## SLOŽENÍ:
- 1 šálek rozmixovaného ovoce (jahody, borůvky, maliny)
- 1 šálek Prosecca
- 1 hrnek řeckého jogurtu
- 2 lžíce medu

## INSTRUKCE:
a) Smíchejte bobule a prosecco v misce a nechte je asi 15 minut máčet.
b) Do servírovacích sklenic vrstvěte bobule namočené v Prosecu s řeckým jogurtem.
c) Navrch pokapejte medem.
d) Vrstvy opakujte a zakončete pokapáním medu.

## 64. Prosecco a malinové želé

## SLOŽENÍ:

- 1 1/2 šálku Prosecca
- 1/2 šálku vody
- 1/2 šálku krystalového cukru
- 2 lžíce malinové želatiny
- Čerstvé maliny na ozdobu

## INSTRUKCE:

a) V hrnci zahřejte prosecco, vodu a cukr, dokud se cukr nerozpustí.
b) Sundejte z ohně a vmíchejte malinovou želatinu.
c) Směs nalijte do jednotlivých servírovacích sklenic nebo forem.
d) Nechte v lednici ztuhnout (obvykle několik hodin nebo přes noc).
e) Před podáváním ozdobte čerstvými malinami.

## 65. Prosecco a Lemon Posset

## SLOŽENÍ:

- 2 šálky Prosecca
- 1 šálek husté smetany
- 1 šálek krystalového cukru
- Kůra a šťáva ze 2 citronů

## INSTRUKCE:

a) V hrnci smíchejte Prosecco, smetanu a cukr. Zahřívejte, míchejte, dokud se cukr nerozpustí.
b) Přidejte citronovou kůru a šťávu a vařte 5 minut.
c) Nalijte směs do servírovacích sklenic a nechte několik hodin v chladu, dokud neztuhne.
d) Před podáváním ozdobte citronovou kůrou.

# 66. Prosecco Tiramisu

## SLOŽENÍ:
- 1 šálek Prosecca
- 3 velké žloutky
- 1/2 šálku krystalového cukru
- 1 hrnek sýra mascarpone
- 1 šálek husté smetany
- 1 lžička vanilkového extraktu
- 1 balení slunéček
- Kakaový prášek na posypání
- Espresso (volitelné)

## INSTRUKCE:
a) V míse ušlehejte žloutky s cukrem do husté a světlé hmoty.
b) Vmíchejte sýr mascarpone, dokud nebude hladký.
c) V samostatné misce ušlehejte smetanu a vanilkový extrakt, dokud se nevytvoří tuhé vrcholy.
d) Do mascarpone směsi jemně vmícháme šlehačku.
e) Namočte berušky do Prosecca (a espressa, pokud chcete) a navrstvěte je do servírovací misky.
f) Na berušky rozetřeme vrstvu směsi mascarpone.
g) Opakujte vrstvy slunéčko sedmitečné a mascarpone a dokončete vrstvu mascarpone nahoře.
h) Dejte na několik hodin nebo přes noc do lednice.
i) Před podáváním popráším kakaem.

# KOMĚNÍ

## 67. Prosecco a broskvová salsa

## SLOŽENÍ:
- 2 zralé broskve, nakrájené na kostičky
- $\frac{1}{4}$ šálku červené cibule, jemně nakrájené
- $\frac{1}{4}$ šálku čerstvého koriandru, nasekaného
- Šťáva z 1 limetky
- $\frac{1}{4}$ šálku Prosecca
- Sůl a pepř na dochucení
- Tortilla chipsy na servírování

## INSTRUKCE:
a) V misce smíchejte na kostičky nakrájené broskve, červenou cibuli, koriandr, limetkovou šťávu a prosecco.
b) Dochuťte solí a pepřem podle chuti.
c) Dobře promíchejte, aby se všechny chutě spojily.
d) Salsu nechte asi 15 minut odležet, aby se chutě propojily.
e) Prosecco a broskvovou salsu podávejte s tortilla chipsy jako osvěžující a ovocnou svačinku.

## 68. Prosecco želé

## SLOŽENÍ:
- 2 šálky Prosecca
- 1 hrnek cukru
- 1 balíček (asi 1,75 unce) práškového ovocného pektinu
- Citronová šťáva (volitelně, pro kyselost)

## INSTRUKCE:
a) Ve velkém hrnci smíchejte prosecco a cukr.
b) Míchejte na středním plameni, dokud se cukr nerozpustí.
c) Přidejte práškový ovocný pektin a promíchejte, aby se začlenil.
d) Směs přivedeme k varu a za stálého míchání vaříme asi 1 minutu.
e) Hrnec sundejte z plotny a seberte případnou pěnu.
f) Pokud chcete, přidejte citronovou šťávu pro kyselost.
g) Želé Prosecco nalijte do sterilizovaných sklenic a nechte vychladnout na pokojovou teplotu.
h) Nechejte želé vychladit, dokud neztuhne.
i) Natřete na toasty, podávejte se sýrem nebo použijte jako polevu na maso či restovanou zeleninu.

## 69. Hořčice Prosecco

## SLOŽENÍ:
- ¼ šálku žlutých hořčičných semínek
- ¼ šálku hnědého hořčičného semínka
- ½ šálku Prosecca
- ¼ šálku bílého vinného octa
- 1 lžíce medu
- ½ lžičky soli

## INSTRUKCE:
a) V misce smíchejte žlutá a hnědá hořčičná semínka.
b) V samostatné misce smíchejte Prosecco, bílý vinný ocet, med a sůl.
c) Směs Prosecco nalijte na hořčičná semínka a promíchejte, aby se spojila.
d) Směs necháme asi 24 hodin uležet při pokojové teplotě a občas promícháme.
e) Přeneste směs do mixéru nebo kuchyňského robotu a mixujte, dokud nedosáhnete požadované konzistence.
f) Hořčici Prosecco skladujte ve vzduchotěsné nádobě v lednici.
g) Použijte ji jako koření na sendviče, hamburgery nebo jako omáčku na preclíky a svačiny.

## 70. Máslo Prosecco

## SLOŽENÍ:
- ½ šálku nesoleného másla, změkčeného
- 2 lžíce prosecca
- 1 lžička citronové kůry
- ½ lžičky soli

## INSTRUKCE:
a) V misce smíchejte změklé máslo, prosecco, citronovou kůru a sůl.

b) Míchejte nebo šlehejte, dokud nebude dobře promícháno a hladké.

c) Přeneste máslo Prosecco do malé nádoby nebo z něj pomocí plastové fólie vytvarujte poleno.

d) Nechte v chladu do ztuhnutí.

e) Máslo Prosecco použijte na grilované steaky, rozpusťte nad pečenou zeleninou nebo namažte čerstvý chléb.

## 71. Prosecco Lemon Curd

## SLOŽENÍ:
- Kůra ze 3 citronů
- 1 šálek čerstvě vymačkané citronové šťávy (asi 4-5 citronů)
- 1 šálek krystalového cukru
- 4 velká vejce
- $\frac{1}{2}$ šálku nesoleného másla, nakrájeného na kostky
- $\frac{1}{4}$ šálku Prosecca

## INSTRUKCE:
a) V žáruvzdorné misce prošlehejte citronovou kůru, citronovou šťávu, cukr a vejce, dokud se dobře nespojí.
b) Umístěte misku nad hrnec s vroucí vodou a ujistěte se, že se dno misky nedotýká vody. Tím se vytvoří dvojité nastavení kotle.
c) Směs vaříme za stálého míchání metličkou nebo vařečkou, dokud nezhoustne a nepokryje zadní stranu lžíce. Tento proces obvykle trvá asi 10-15 minut.
d) Jakmile směs zhoustne, sundejte misku z plotny.
e) K tvarohu přidejte nakrájené máslo a míchejte, dokud se máslo nerozpustí a plně se nezapracuje.
f) Vmíchejte Prosecco, dokud se dobře nespojí.
g) Sýřeninu nechte pár minut vychladnout a poté ji přendejte do čisté sklenice nebo vzduchotěsné nádoby.
h) Zakryjte sklenici nebo nádobu víkem nebo plastovým obalem a ujistěte se, že se přímo dotýká povrchu tvarohu, aby se zabránilo tvorbě slupky.
i) Dejte Prosecco Lemon Curd do chladničky alespoň na 2 hodiny, nebo dokud nevychladne a neztuhne.
j) Tvaroh lze skladovat v lednici až 2 týdny.

## 72. Prosecco Aioli

## SLOŽENÍ:

- ½ šálku majonézy
- 1 lžička Prosecco
- Kůra a šťáva z 1 citronu
- 1 stroužek česneku, nasekaný
- Sůl a pepř na dochucení

## INSTRUKCE:

a) V malé misce smíchejte majonézu, prosecco, citronovou kůru, citronovou šťávu, mletý česnek, sůl a pepř.
b) Ochutnejte a podle potřeby dochuťte.
c) Mísu zakryjte a chlaďte Prosecco aioli alespoň 30 minut, aby se chutě propojily.
d) Aioli podávejte jako lahodnou omáčku na hranolky, namažte je na sendviče nebo použijte jako krémovou polevu na hamburgery nebo grilovanou zeleninu.

## 73. Prosecco Medová hořčice

## SLOŽENÍ:
- ¼ šálku dijonské hořčice
- 2 lžíce medu
- 2 lžíce prosecca
- Kůra a šťáva z 1 citronu
- Sůl a pepř na dochucení

## INSTRUKCE:
a) V misce prošlehejte dijonskou hořčici, med, prosecco, citronovou kůru, citronovou šťávu, sůl a pepř.
b) Ochutnejte a podle potřeby upravte koření.
c) Misku zakryjte a před použitím nechte medovou hořčici Prosecco alespoň 30 minut chladit.
d) Použijte medovou hořčici jako chuťové koření na sendviče a hamburgery nebo jako omáčku na kuřecí křesla nebo preclíky.

## 74. Prosecco bylinkové máslo

## SLOŽENÍ:
- ½ šálku nesoleného másla, změkčeného
- 1 lžička Prosecco
- 1 lžíce nasekaných čerstvých bylinek (jako je petržel, tymián nebo bazalka)
- Kůra z 1 citronu
- Sůl a pepř na dochucení

## INSTRUKCE:
a) V misce smíchejte změklé máslo, prosecco, nasekané čerstvé bylinky, citronovou kůru, sůl a pepř. Dobře promíchejte, aby se všechny ingredience spojily.

b) Přeneste ochucené máslo na plát igelitu a vytvarujte z něj špalek nebo ho pevně zabalte do igelitu.

c) Bylinkové máslo Prosecco dejte do lednice alespoň na 1 hodinu, aby ztuhlo a chutě se propojily.

d) Máslo nakrájejte na kolečka nebo použijte jako pomazánku na chleba, rohlíky nebo grilované maso a zeleninu. Máslo s bylinkami dodá vašim pokrmům lahodný štiplavý a aromatický nádech.

## 75. Prosecco Salsa Verde

## SLOŽENÍ:
- 1 šálek čerstvé petrželové natě, nasekané
- ¼ šálku čerstvých lístků bazalky, nakrájených
- 2 lžíce kapar, okapaných a nakrájených
- 2 stroužky česneku, mleté
- 2 lžíce nadrobno nakrájené šalotky
- 2 lžíce prosecca
- Kůra a šťáva z 1 citronu
- ¼ šálku olivového oleje
- Sůl a pepř na dochucení

## INSTRUKCE:
a) V misce smíchejte nasekanou petržel, bazalku, kapary, mletý česnek, šalotku, prosecco, citronovou kůru, citronovou šťávu, olivový olej, sůl a pepř.
b) Dobře promíchejte, aby se všechny ingredience promíchaly.
c) Ochutnejte a podle potřeby dochuťte.
d) Nechte Prosecco salsa Verde uležet alespoň 15-30 minut, aby se chutě propojily.
e) Salsa verde podávejte jako pikantní koření ke grilovaným rybám nebo restované zelenině nebo ji použijte jako chutný dresink na saláty.

# KOKTEJLY

# 76. Aperol Spritz

## SLOŽENÍ:

- 3 unce prosecca
- 2 unce Aperolu
- 1 unce klubové sody
- Obloha: plátek pomeranče

## INSTRUKCE:

a) Ve sklenici na víno naplněné ledem smíchejte prosecco, Aperol a sodu.
b) Jako ozdobu přidejte plátek pomeranče.

## 77. Prosecco a mimózy z pomerančového džusu

## SLOŽENÍ:

- 1 láhev Prosecca
- 2 šálky pomerančové šťávy
- Plátky pomeranče na ozdobu

## INSTRUKCE:

a) Naplňte flétny šampaňského do poloviny vychlazeným Proseccem.
b) Sklenice dolijte pomerančovým džusem.
c) Každou sklenici ozdobte plátkem pomeranče.
d) Ihned podávejte a vychutnejte si osvěžující mimózu Prosecco.

# 78. Hibiscus Spritz

## SLOŽENÍ:

- 2 unce prosecco nebo šumivého vína
- 1 unce ibiškového sirupu
- ½ unce bezového likéru
- Sodovka
- Plátky citronu nebo jedlé květy na ozdobu
- Ledové kostky

## INSTRUKCE:

a) Naplňte sklenici na víno kostkami ledu.
b) Do sklenice přidejte ibiškový sirup a bezový likér.
c) Jemně promíchejte, aby se chutě spojily.
d) Sklenici dolijte proseccem nebo sektem.
e) Přidejte šplouchnutí sody pro bublinkový závěr.
f) Ozdobte plátky citronu nebo jedlými květy.
g) Před popíjením jemně promíchejte.
h) Vychutnejte si šumivý a květinový ibišek spritz.

## 79. Šampaňské mezci

## SLOŽENÍ:
- 2 unce ml vodky
- 2 unce čerstvé limetkové šťávy
- 4 unce zázvorového piva
- Vychlazené prosecco, na polevu
- Klínky limetky, k podávání
- Máta, k podávání

## INSTRUKCE:
a) Do dvou sklenic nalijte vodku a čerstvou limetkovou šťávu a každou sklenici dolijte zázvorovým pivem.
b) Nalijte prosecco a ozdobte limetkou a mátou.
c) Podávejte vychlazené.

## 80. Hugo

## SLOŽENÍ:

- 15 cl Prosecco, chlazené
- 2 cl bezinkového sirupu nebo meduňkového sirupu
- pár lístků máty
- 1 čerstvě vymačkaná citronová šťáva nebo limetková šťáva
- 3 kostky ledu
- stříkaná perlivá minerální voda nebo sodovka
- plátek citronu nebo limetky na ozdobu sklenice nebo jako ozdoba

## INSTRUKCE:

a) Kostky ledu, sirup a lístky máty vložte do sklenice na červené víno.

b) Do sklenice nalijte čerstvě vymačkanou citronovou nebo limetkovou šťávu. Do sklenice vložte plátek citronu nebo limetky a přidejte vychlazené Prosecco.

c) Po chvíli přidejte střik perlivé minerální vody.

# 81. Prosecco Mojito

## SLOŽENÍ:

- 1 unce bílého rumu
- ½ oz čerstvé limetkové šťávy
- ½ oz jednoduchého sirupu
- 6-8 lístků čerstvé máty
- Prosecco, chlazené
- Klínky limetky na ozdobu
- Snítky máty na ozdobu

## INSTRUKCE:

a) V koktejlovém šejkru rozmixujte lístky čerstvé máty s limetkovou šťávou a jednoduchým sirupem.
b) Přidejte bílý rum a naplňte šejkr ledem.
c) Dobře protřepejte, aby se spojily.
d) Směs sceďte do sklenice naplněné ledem.
e) Navrch dejte vychlazené Prosecco.
f) Ozdobte měsíčky limetky a snítkami máty.
g) Jemně promíchejte a vychutnejte si osvěžující Prosecco Mojito.

## 82. Sgroppino

## SLOŽENÍ:
- 4 unce. Vodka
- 8 uncí. Prosecco
- 1 várka citronového sorbetu
- Volitelné ozdoby
- citrónová kůra
- plátky citronu
- citronový twist
- čerstvé lístky máty
- listy čerstvé bazalky

## INSTRUKCE:
a) V mixéru smíchejte první tři ingredience.
b) Zpracujte, dokud nebude hladká a promíchaná.
c) Podávejte v šampaňských nebo sklenicích na víno.

## 83. Prosecco Bellini

**SLOŽENÍ:**
- 2 oz broskvové pyré nebo broskvový nektar
- Prosecco, chlazené
- Plátky broskve na ozdobu

**INSTRUKCE:**

a) Nalijte broskvové pyré nebo broskvový nektar do vychlazené flétny na šampaňské.
b) Nalijte vychlazené Prosecco a naplňte sklenici.
c) Jemně promíchejte, aby se spojily.
d) Ozdobte plátkem čerstvé broskve.
e) Popíjejte a vychutnejte si klasické a elegantní Prosecco Bellini.

## 84. Prosecco Margarita

## SLOŽENÍ:
- 1½ unce stříbrné tequily
- 1 oz čerstvé limetkové šťávy
- 1 unce jednoduchého sirupu
- ½ oz pomerančového likéru (například triple sec)
- Prosecco, chlazené
- Klínky limetky na ozdobu
- Sůl nebo cukr na lemování (volitelné)

## INSTRUKCE:
a) Je-li to žádoucí, ohraničte sklenici solí nebo cukrem tak, že okraj ponoříte do limetkové šťávy a poté do soli nebo cukru.
b) V koktejlovém šejkru smíchejte tequilu, limetkovou šťávu, jednoduchý sirup a pomerančový likér.
c) Naplňte šejkr ledem a důkladně protřepejte.
d) Směs sceďte do sklenice naplněné ledem.
e) Navrch dejte vychlazené Prosecco.
f) Ozdobte měsíčky limetky.
g) Jemně promíchejte a vychutnejte si šumivé Prosecco Margarita.

# 85. Prosecco Ginger Fizz

## SLOŽENÍ:
- 2 unce zázvorového likéru
- ½ oz čerstvé limetkové šťávy
- ½ oz jednoduchého sirupu
- Prosecco, chlazené
- Krystalizovaný zázvor na ozdobu

## INSTRUKCE:

a) V koktejlovém šejkru smíchejte zázvorový likér, limetkovou šťávu a jednoduchý sirup.
b) Naplňte šejkr ledem a dobře protřepejte.
c) Směs sceďte do sklenice naplněné ledem.
d) Navrch dejte vychlazené Prosecco.
e) Ozdobte kouskem zkrystalizovaného zázvoru.
f) Jemně promíchejte a vychutnejte si šumivé Prosecco Ginger Fizz.

# 86. Francouzské Prosecco 75

## SLOŽENÍ:
- 1 oz gin
- ½ oz čerstvé citronové šťávy
- ½ oz jednoduchého sirupu
- Prosecco, chlazené
- Citronový twist na ozdobu

## INSTRUKCE:
a) V koktejlovém šejkru smíchejte gin, citronovou šťávu a jednoduchý sirup.
b) Naplňte šejkr ledem a dobře protřepejte.
c) Směs preceďte do flétny na šampaňské.
d) Navrch dejte vychlazené Prosecco.
e) Ozdobte citronem.
f) Popíjejte a vychutnejte si klasické a šumivé Prosecco French 75.

## 87. Punč z granátového jablka Prosecco

## SLOŽENÍ:

- 2 šálky šťávy z granátového jablka
- 1 šálek pomerančové šťávy
- ½ šálku brusinkové šťávy
- ¼ šálku čerstvé limetkové šťávy
- 2 lžíce agávového sirupu nebo medu
- Prosecco, chlazené
- Semínka granátového jablka a plátky limetky na ozdobu

## INSTRUKCE:

a) Ve džbánu smíchejte šťávu z granátového jablka, pomerančový džus, brusinkový džus, limetkovou šťávu a agávový sirup nebo med.
b) Míchejte, dokud se dobře nespojí a sladidlo se nerozpustí.
c) Do džbánu přidejte vychlazené Prosecco a jemně promíchejte.
d) Naplňte sklenice ledem a na led zalijte punč z granátového jablka Prosecco.
e) Ozdobte semínky granátového jablka a plátky limetky.
f) Popíjejte a vychutnejte si ovocný a šumivý punč z granátového jablka Prosecco.

## 88. Rubínový a rozmarýnový prosecco koktejl

## SLOŽENÍ:
- 1 snítka čerstvého rozmarýnu
- 1 unce rubínové grapefruitové šťávy
- ½ unce rozmarýnového jednoduchého sirupu (recept níže)
- Vychlazené Prosecco nebo jakékoliv šumivé bílé víno
- Rubínové plátky grapefruitu nebo snítky rozmarýnu na ozdobu

## NA ROZMARÝNOVÝ JEDNODUCHÝ SIRUP:
- ½ šálku vody
- ½ šálku krystalového cukru
- 2 snítky čerstvého rozmarýnu

## INSTRUKCE:
a) Rozmarýnový jednoduchý sirup připravte smícháním vody, cukru a snítek rozmarýnu v malém hrnci. Směs přiveďte k varu na středním plameni za občasného míchání, dokud se cukr úplně nerozpustí.

b) Hrnec stáhněte z plotny a nechte rozmarýn v sirupu louhovat asi 10 minut. Poté snítky rozmarýnu sceďte a jednoduchý sirup nechte vychladnout.

c) V koktejlovém šejkru jemně promíchejte snítku čerstvého rozmarýnu, aby se uvolnila její vůně.

d) Přidejte do šejkru rubínovou šťávu z grapefruitu a jednoduchý rozmarýnový sirup. Naplňte šejkr ledem.

e) Směs intenzivně protřepávejte asi 15–20 sekund, aby se přísady vychladily.

f) Koktejl sceďte do vychlazené sklenice nebo flétny.

g) Koktejl doplňte vychlazeným Proseccem a nechte ho jemně promíchat s ostatními ingrediencemi.

h) Nápoj ozdobte plátkem rubínového grapefruitu nebo snítkou čerstvého rozmarýnu.
i) Rubínový a rozmarýnový Prosecco koktejl ihned podávejte a vychutnejte si ho!

# 89. Koktejl z bezového květu Prosecco

## SLOŽENÍ:

- 1 oz bezového likéru (jako je St-Germain)
- ½ oz čerstvé citronové šťávy
- Prosecco, chlazené
- Jedlé květiny na ozdobu (volitelně)

## INSTRUKCE:

a) Naplňte sklenici na víno kostkami ledu.
b) Přidejte bezový likér a čerstvou citronovou šťávu.
c) Navrch dejte vychlazené Prosecco.
d) Jemně promíchejte, aby se spojily.
e) V případě potřeby ozdobte jedlými květy.
f) Popíjejte a vychutnejte si květinový a šumivý koktejl Prosecco z bezového květu.

## 90. Koktejl z růžového grapefruitu

## SLOŽENÍ:
- 1 šálek čerstvě vymačkané šťávy z růžového grapefruitu
- ⅛ šálku malinového likéru
- 2 lahve sladkého Prosecca
- 2 růžové grapefruity, nakrájené na ozdobu
- Čerstvá máta na ozdobu
- Ledové kostky

## INSTRUKCE:
a) Ve džbánu smíchejte čerstvě vymačkanou šťávu z růžového grapefruitu, malinový likér a sladké prosecco.
b) Přidejte tác s kostkami ledu, aby Prosecco zůstalo vychlazené.
c) Směs dobře promíchejte, aby se chutě propojily.
d) Přidejte plátky 1 růžového grapefruitu a hrst čerstvé máty pro zvýraznění vůně a prezentace.
e) Pro servírování nalijte Prosecco do sklenic s plátkem růžového grapefruitu podél okraje a ozdobte čerstvou mátou.
f) Zvedněte sklenici, připijte si na lahodný brunch a užívejte si!

## 91. Plovák na ananasový sorbet Prosecco

## SLOŽENÍ:
### ANANASOVÝ SORBET:
- 2 unce ananasové šťávy
- 4 unce agávového sirupu
- 16 uncí mraženého ananasu

### PROSECCO + ANANASOVÝ SORBET FLOAT:
- Ananasový sorbet (z výše uvedeného receptu)
- Prosecco

## INSTRUKCE:
### ANANASOVÝ SORBET:
a) V mixéru smíchejte ananasovou šťávu a agáve.

b) Přidejte asi čtvrtinu mraženého ananasu a pulsujte, dokud se nesmíchá.

c) Pomalu přidejte zbývající mražený ananas, pulzujte s každým přidáním. Cílem je zachovat konzistenci podobnou zmrazenému smoothie.

d) Směs přendejte do nádoby a dejte přes noc ztuhnout do mrazáku.

### PROSECCO ANANÁSOVÝ SORBET PLÁK:
e) Na dno sklenice dejte odměrku připraveného ananasového sorbetu.

f) Otevřete láhev Prosecca a nalijte ji na sorbet ve sklenici.

g) Pokud chcete, ozdobte plovák plátky ananasu, lístky máty nebo jedlými květy.

## 92. Malinová limonáda Koktejl

## SLOŽENÍ:
- 3 unce Prosecco
- 3 unce malinové limonády
- Růžové nebo červené cukrové posypy
- 2-3 čerstvé maliny

## INSTRUKCE:
a) Okraj sklenic: Na talíř nebo mělkou misku nalijte malé množství malinové limonády. Totéž udělejte s růžovým nebo červeným cukrovým posypem na samostatném talíři.
b) Ponořte okraj flétny Prosecco do malinové limonády a ujistěte se, že potáhnete celý okraj.
c) Poté ponořte potažený okraj sklenice do barevného cukru a vytvořte ozdobný cukrový okraj.
d) Do připravené sklenice nalijte malinovou limonádu a prosecco a jemně míchejte, aby se chutě promíchaly.
e) Přidejte 2-3 čerstvé maliny do koktejlu pro extra dávku ovocné dobroty.
f) Podávejte prosecco s malinovou limonádou a vychutnejte si tento lahodný a osvěžující koktejl během brunche s dívkami.

## 93. Oranžový sorbet Koktejl

## SLOŽENÍ:
- 2 šálky čerstvé pomerančové šťávy
- ½ šálku vody
- ¾ šálku medu nebo agávového nektaru, upraveného podle chuti
- Prosecco

## INSTRUKCE:
a) V mixovací nádobě smíchejte dohromady čerstvou pomerančovou šťávu, vodu a med (nebo agávový nektar), dokud se dobře nespojí.

b) Směs nalijte do zmrzlinovače a zmrazte podle návodu výrobce. Alternativně můžete směs nalít do misky a zmrazit v mrazáku, dokud nedosáhne konzistence sorbetu.

c) Jakmile je pomerančový sorbet hotový, naberte ho do sklenic na Prosecco.

d) Naplňte sorbet Prosecco.

## 94. Bezový květ krvavý pomeranč Koktejl

## SLOŽENÍ:

- 750 ml láhev Prosecca
- 8 lžiček stříbrné tequily
- 8 lžic bezového likéru
- ⅓ šálku čerstvě vymačkané šťávy z krvavého pomeranče
- 1 krvavý pomeranč, nakrájený na tenké plátky na ozdobu (volitelně)

## INSTRUKCE:

a) Pokud chcete, vložte tenký plátek krvavého pomeranče do každé ze čtyř fléten Prosecco pro elegantní ozdobu.
b) Nalijte 2 čajové lžičky stříbrné tequily do každé flétny Prosecco a rovnoměrně ji mezi ně rozdělte.
c) Dále do každé flétny přidejte 2 lžičky bezového likéru.
d) Stejně tak rozdělte čerstvě vymačkanou šťávu z krvavého pomeranče mezi čtyři flétny Prosecco. Každá flétna by měla dostat něco pod 4 lžičky šťávy.
e) Opatrně nalijte Prosecco do každé flétny, aby se bublinky mezi naléváním usadily. Naplňte každou sklenici až po okraj Proseccem.
f) Bezové proseccos Blood Orange podávejte okamžitě a vychutnejte si krásnou kombinaci chutí a šumění.

## 95. Prosecco a pomerančový džus Koktejl

## SLOŽENÍ:
- 1 láhev Prosecca
- 2 šálky pomerančové šťávy
- Plátky pomeranče na ozdobu

## INSTRUKCE:
e) Flétny Prosecco naplňte do poloviny vychlazeným Proseccem.
f) Sklenice dolijte pomerančovým džusem.
g) Každou sklenici ozdobte plátkem pomeranče.
h) Ihned podávejte a vychutnejte si osvěžující Prosecco Prosecco.

## 96. Mučenka Koktejl

## SLOŽENÍ:
- 1 šálek chlazeného prosecca
- ½ šálku chlazeného nektaru nebo šťávy z mučenky

## INSTRUKCE:
a) Vychlazené Prosecco rozdělte rovnoměrně do dvou sklenic.
b) Každý nápoj doplňte vychlazeným nektarem nebo šťávou z marakuji. Do každé sklenice můžete přidat 3 až 4 polévkové lžíce nektaru nebo šťávy.
c) Jemně směs promíchejte, aby se chutě spojily.
d) Okamžitě podávejte Passion Fruit Prosecco a vychutnejte si sladkou a tropickou chuť mučenky v kombinaci s bublinkovým Proseccem.
e) Tento exotický a osvěžující koktejl je ideální pro speciální brunch, oslavu nebo prostě jen pro dopřání si lahodného nápoje.
f) Vychutnejte si jedinečnou a lahodnou chuť těchto mučenkových proseccos! Na zdraví!

## 97. Broskev Koktejl Prosecco

## SLOŽENÍ:

- 2 šálky broskvového nektaru, chlazené
- 1 ⅓ šálku pomerančové šťávy, chlazené
- ⅔ šálku sirupu Grenadine
- 1 láhev Brut Prosecco, chlazená

## INSTRUKCE:

a) Ve velkém džbánu smíchejte vychlazený broskvový nektar a pomerančový džus. Dobře promíchejte, aby se chutě promíchaly.

b) Vezměte 10 sklenic prosecca a do každé sklenice nalijte 1 polévkovou lžíci grenadinového sirupu.

c) Nalijte přibližně ⅓ šálku směsi pomerančové šťávy do každé sklenice Prosecco přes sirup z grenadiny.

d) Nakonec každou sklenici doplňte vychlazeným Proseccem a naplňte až po okraj.

e) Broskvové proseccos ihned podávejte, abyste si vychutnali perlivou a ovocnou dobrotu.

f) Tyto nádherné proseccos jsou ideální pro slavnostní příležitosti, setkání s brunchem nebo kdykoli, kdy chcete svému dni dodat nádech broskvové sladkosti.

g) Hurá do lahodnosti broskvového prosecca! Užívejte si zodpovědně a vychutnejte si nádhernou směs chutí.

## 98. Ananas Koktejl Prosecco

## SLOŽENÍ:

- Láhev prosecca o objemu 750 mililitrů
- 2 šálky ananasové šťávy
- ½ šálku pomerančové šťávy
- Plátky pomeranče, k podávání
- Plátky ananasu, k podávání

## INSTRUKCE:

a) Smíchejte Prosecco, ananasový džus a pomerančový džus.
b) Míchejte, dokud se dobře nespojí.
c) Naplňte sklenice na Prosecco a před podáváním přidejte na okraje plátky ovoce.

## 99. Prosecco Sangria

## SLOŽENÍ:

- 3 šálky ovocné šťávy
- 3 šálky čerstvého ovoce (v případě potřeby nakrájené na plátky nebo kostičky)
- ½ šálku ovocného likéru (jako je Cointreau, Grand Marnier nebo Chambord)
- 1 láhev suchého Prosecca, chlazeného

## INSTRUKCE:

a) Smíchejte šťávu, ovoce a likér ve velké sklenici (nebo džbánu, pokud podáváte z jedné) a nechte chutě prolínat alespoň 1 hodinu.
b) Pokud máte v chladiči místo, nechte směs vychlazenou, dokud nebude připravena k použití.
c) Přidejte Prosecco do sklenice (nebo džbánu) a ihned podávejte.
d) Případně můžete jednotlivé sklenice naplnit asi do jedné třetiny šťávovou směsí a dolít Proseccem.

## 100. Jahoda Koktejl Prosecco

## SLOŽENÍ:

- 2 unce pomerančové šťávy
- 2 unce jahod
- ½ unce jahodového sirupu
- 4 unce Prosecco

## INSTRUKCE:

a) Rozmixujte pomerančovou šťávu, jahody a jahodový sirup v mixéru do hladka.
b) Nalijte do koktejlové sklenice.
c) Top s Prosecco.
d) Ozdobte plátkem jahody a pomeranče.

## ZÁVĚR

Když se blíží konec „BUBLINY A ŠKOSY: NEJLEPŠÍ KUCHAŘKA PROSECCO", doufáme, že se vám tato cesta do světa lahůdek plných Prosecca líbila. Prozkoumali jsme širokou škálu receptů, od snídaní až po svačiny a hlavní chody, všechny se vyznačují jiskrou a elegancí Prosecca. Bylo to dobrodružství chutí a kreativity, objevování, jak může Prosecco vylepšit sladká i slaná jídla a přidat do vašeho kulinářského repertoáru nádech sofistikovanosti.

Doufáme, že vás tato kuchařka inspirovala k experimentování s Proseccem ve vaší kuchyni a umožnila vám vytvořit nezapomenutelná jídla a zážitky pro sebe a své blízké. Pamatujte, že Prosecco není jen nápoj pro zvláštní příležitosti k opékání – je to všestranná přísada, která může pozvednout vaše každodenní vaření a vnést do každého jídla nádech oslavy.

Od lahodných brunch koktejlů až po vynikající párování k večeři, Prosecco prokázalo svou schopnost vylepšit a pozvednout širokou škálu jídel. Pokračujte tedy v objevování kulinářských možností Prosecca a naplňte své recepty jeho živými chutěmi a šuměním. Sdílejte své výtvory s přáteli a rodinou a vychutnejte si radost, která přichází s objevováním nových a lahodných chutí.

Doufáme, že „BUBLINY A ŠKOSY: NEJLEPŠÍ KUCHAŘKA PROSECCO" podnítila vaši kreativitu a zanechala ve vás nově nalezené uznání pro kouzlo Prosecca v kuchyni. Hurá do kulinářských dobrodružství a do nádherného světa lahůdek plných Prosecca!

www.ingramcontent.com/pod-product-compliance
Lightning Source LLC
Chambersburg PA
CBHW071318110526
44591CB00010B/937